Heinz Ohff

GEBRAUCHS ANWEISUNG für

England

Piper München Zürich

Mehr über unsere Autroen und Bücher:
www.piper.de

ISBN 978-3-492-27504-0
7. Auflage 2009
Überarbeitete Neuausgabe 2001
© Piper Verlag GmbH, München 1988
Gesetzt aus der Bembo-Antiqua
Gesamtherstellung: CPI – Clausen & Bosse, Leck
Printed in Germany

Inhalt

Der Kanal 7
Der gemäßigte Anglozentrismus 12
Linksverkehr 21
Links vor rechts, auch im eigenen Wagen 27
Bus and Coach 33
Beginn des Abenteuers 41
Sic transit 51
Doppelfenster und Zugluft 66
Größe und Grenzen der englischen Küche –
mit einem Exkurs über die Betten 78
Geliebtes Pub 91
Die kleinen Zu- und Abneigungen 100
Das Telefon 113
Standbeine für den Lebensstil 117
Wetter und Kompromisse 127
Der Instinkt der Zurückhaltung 140
If you speak English, speak English! 147
Die Haselnuß als Oberst 154
Gotta Lotta Bottle – kurzer Ausflug ins Cockney . 158
Die irdische Gerechtigkeit im Zahlenvergleich . . 164
Ein Sturmabend in Cornwall 173
Bibliographie 181

Der Kanal

Im Deutschen bezeichnen wir im allgemeinen einen künstlich geschaffenen Wasserlauf als Kanal. Im Englischen muß man streng zwischen *canal* (künstlich) und *channel* (natürlich) unterscheiden. Wird *Channel* aber groß geschrieben und meist sogar mit dem Zusatz *English* versehen, so handelt es sich um den Kanal aller natürlichen Kanäle, jene Meerstraße zwischen der Südküste Englands und der Nordküste Frankreichs, zwischen Dover und Calais, Portsmouth und Le Havre, Cornwall und der Bretagne, die England vom Kontinent trennt: den Ärmelkanal.

Der Kanal ist heute nichts als eine leicht zu überquerende und vielbefahrene internationale Wasserstraße mit festen Verkehrsregeln, die denen einer Autobahn ähneln. Das war mehr oder weniger immer so, und daran hat sich wenig geändert. Dabei hat man noch eben im ausgehenden zwanzigsten Jahrhundert eine jener Utopien wahrzumachen verstanden, die so gern als »Traum der Menschheit« bezeichnet wird. In den Jahren 1978 bis 1990 wurde, eine britisch-französische Gemeinschaftsarbeit, der *English Channel* untertunnelt.

Für viele Engländer eher ein wahrgewordener Alptraum: schien doch dadurch das behagliche Abseits eines Inseldaseins empfindlich gestört. War es keinem der übelsten Tyrannen der Vergangenheit, weder Napoleon noch Hitler, gelungen, die Inselfestung zu erobern, so kam man sich plötzlich vor, als habe man die schützende Haustür endgültig für alle Welt, Krethi und Plethi, aufgesperrt. Was den Volksmund veranlaßte, den milliardenteuren, aber wenig beliebten unterirdischen oder unterseeischen Zugang zum guten alten England mit der unschönen Vokabel *chunnel* zu versehen, ein Wortgebilde aus *channel* und *tunnel*.

Der Name ist dem Channel-Tunnel nicht geblieben. Mag sein, daß sich nach einigem Beinahe-Boykott, vor allem durch die älteren Generationen, die meisten dann doch an die neue Möglichkeit einer bequemen Kanalüberquerung selbst bei Windstärke 10 gewöhnt haben. Zweifellos gehört es auch heute noch zum *good sport* eines echten Engländers, England, wenn es denn sein muß, wie es sich gehört in Dover auf einem Schiff – und sei es auch nur ein Fährschiff – zu verlassen. Die Hovercraft-Boote, die einst den Fährschiffen Konkurrenz machten und auf denen man, dabei gesagt, erst recht seekrank wurde, gibt es schon gar nicht mehr. Man hat doch, so scheint es, allmählich mit dem Hochgeschwindigkeitszug in dem rund fünfzig Kilometer langen Unterwassertunnel Frieden geschlossen.

Zugegeben: man kommt sich nicht sehr sportlich vor. In den luxuriösen Waggons verschwindet man zwischen grünen englischen Wiesen in einem schwarzen Loch und rast eine knappe halbe Stunde durch völlige Dunkelheit, bis man auf einer französischen Wiese, die nicht viel anders aussieht als vorher die englische, wieder ans Tageslicht gespült wird. Vom Wasser, das man unterquert hat, bekommt man auf keiner Seite auch nur einen Schimmer zu sehen. Verglichen mit dem Anblick der Weißen Klippen von Dover bei der Ein- oder der Abfahrt eine ziemlich langweilige Angelegenheit.

Geographisch und historisch hat der *English Channel* eine unüberschätzbare Rolle gespielt. Er hat Großbritannien und vor allem England zu dem gemacht, was es geworden ist. Er hat all jene Invasionen ermöglicht, von denen Normannen, Dänen, Sachsen, Franken und viele andere zurückblieben, ein Völkergemisch, aus dem ein Volk heranwuchs. Ebenso hat er die Invasion von Spaniern, Franzosen und Deutschen (Hitlers »Seelöwen«-Unternehmen) abgewehrt. Was Wunder, daß der Kanal eine besondere Rolle in Geographie und, mehr als das, der Geschichte des Landes spielt, die das Inseldasein zu einem Teil der nationalen Eigenart gemacht hat.

Selbst noch lange nach dem Eintritt Englands in die Europäische Gemeinschaft ist die Mentalität der Inselbewohner geprägt geblieben von der gewissen Sicherheit, die die Abgeschnittenheit vom Rest der Welt zu garantieren scheint. Zumindest insgeheim wird der Engländer auch weiterhin den Erdball ganz selbstverständlich in *the British and the rest of the world* einteilen.

So war die Schlagzeile: »Nebel über dem Kanal« mit dem Zusatz: »Kontinent ist abgeschnitten« nicht nur ironisch gemeint, obwohl dies auch, denn man hat in Großbritannien viel für Ironie übrig, in die man nicht zuletzt sich selbst einbezieht. Man machte sich schon damals lustig über den englischen Stolz auf die angeblich so unbezwingbare Inselfestung. Daß sie es wirklich und tatsächlich war, steht allerdings auf keinem anderen, sondern demselben Blatt.

Es gibt sogar einen wissenschaftlichen Begriff für das

Lebensgefühl eines überzeugten Engländers. Er lautet »Anglozentrismus« und wird von Historikern – in diesem Fall F. Béderida, Esq. – wie folgt umrissen: »Eines Abends im Jahre 1853 vertraute ein Baumwollfabrikant in Manchester seine Euphorie mit folgenden Ausdrücken seinem Tagebuch an: ›Unser Land ist zweifellos in einer ungemein glücklichen und günstigen Lage. Gewerbefreiheit, Frieden und allgemeine Freiheit. Oh, glückliches England!‹ ... Offensichtlich war es solch einfaches Glücksgefühl, das rasch in Selbstgerechtigkeit umschlug, Stolz auf das Erreichte in Nationalismus und Selbstvertrauen in Chauvinismus, der Züge von Fremdenhaß trug ...«

Weiter (ich zitiere aus einer vor wenigen Jahren erschienenen *Sozialgeschichte Englands 1851–1975*): »Tausend Faktoren, bedeutende und triviale, ermutigten die Briten zu solchem Überlegenheitsgefühl ... Da war die *Pax Britannica*, eine überzeugende Demonstration der Überlegenheit von Flotte und Diplomatie. Geographisch ließ sich auf den Meridian von Greenwich verweisen, nach dem jedes Land der Erde seine Längengrade vermaß. Die Philatelie hielt ein weiteres Symbol bereit – England war das einzige Land der Welt, das seinen Namen nicht auf seine Briefmarken setzte; der Kopf der Königin Viktoria genügte. ›Wir sind ein reiches Volk, mächtig, intelligent, religiös ... Unser Geist regiert den Erdball‹, trompeteten die ›Illustrated London News‹, und dasselbe Organ verstieg sich bei anderer Gelegenheit sogar zu der Idee, die Engländer seien die ›Bringer der Zivilisation‹, seien notwendig für die Welt. Überall ›haben wir unsere heilsamen Kennzeichen hinterlassen. In allen Teilen des Erdballs wird unsere physische, moralische und intellektuelle Präsenz anerkannt ... Sie könnte nicht leben ohne uns ...‹.«

Man kann, wie man sieht, auch den *Anglocentrism* übertreiben, was inzwischen keiner besser gelernt hat als der Engländer selbst. Schließlich hat man einen Krieg gewonnen, aber den größten Teil des über den Erdball verstreuten Empires verloren, ein »Kunststück sondersgleichen«, wie ein großer Staatsmann kommentiert haben soll.

Mag also der Ärmelkanal kein *English Channel* mehr sein und das Empire der Geschichte angehören. Der Kontinent ist der Kontinent geblieben. Man höre nur genau hin, wie ein Engländer das Wort *continental* ausspricht: höflich, unterbetont, manchmal sogar mit Hochachtung, auf jeden Fall aber doch von Fremdheit, Anderssein, Unvertrautheit, vielleicht sogar von ein bißchen Feindseligkeit gewissermaßen durchtränkt.

Der *English Channel* ist immer noch eine Grenze; daran hat auch der *chunnel* nichts verändern können. Wer den Kanal überquert, befindet sich im Ausland. Das gilt oft sogar für den Einheimischen, denn Engländer haben einen siebenten Sinn für Fremdes, das sie selbst mitunter in ihrem eigenen Land aufzuschnüffeln vermögen.

Einem Freund von mir ist es passiert, als er einen englischen Verwandten in ein Londoner japanisches Lokal einladen wollte, daß er die Ablehnung erhielt: »*Oh, please not. I don't like continental food!*«

Der gemäßigte Anglozentrismus

Dabei haben die Engländer den Tourismus erfunden, den wir heute doch alle begeistert ausüben. Ende des 18., Anfang des 19. Jahrhunderts waren sie das einzige Volk, das planmäßig reiste. Routen, Verkehrsmittel, Herbergen, Hotels, sogar Speisekarten blieben lange Zeit auf englische Bedürfnisse zugeschnitten.

In ihren auffallend großkarierten Reiseplaids, mit den zweischirmigen Mützen und dem unvermeidlich mitgeführten ausziehbaren Fernrohr – angeblich einer Erfindung Admiral Nelsons – bildeten sie, umgeben von unzähligen Gepäckstücken, Seekisten und Kindern, die wie kleine Erwachsene aussahen, so etwas wie eine eigene Gesellschaft mit eigenen Sitten.

Man belächelte die ewig reisenden Engländer zwar, wohin sie auch kamen. Aber die Orte, in die es sie trieb – in Frankreich, Holland, Italien, der Schweiz, am Rhein vor allem –, profitierten von ihrer verrückten Reiselust. Bald begann man sie zu locken und zu umwerben. Sie wurden auch beneidet. Wer reist, dem gehört die Welt.

Das konnte man bei den Engländern wörtlich nehmen. Ihrer Reiselust verdankten sie, schon ehe der Tourismus einsetzte, wenn nicht die ganze, so doch die halbe Welt. Ihre Reisen waren zunächst Expeditionen, und ihre Expeditionen wurden Eroberungszüge, aus denen eben jenes Empire entstand, das nach dem Zweiten Weltkrieg zerfallen ist.

Obwohl sie dadurch weltläufiger wurden als andere Nationen, hat diese Tatsache die Engländer in ihrem Inselfestungsdenken nur noch bestärkt. Einen Engländer erkennt man bis heute überall sofort, wie einem Leserbrief zu entnehmen, den ich einmal in der *Times* fand und in dem ein Mr. Roger Musgrave berichtete: »Ausgestattet mit einem italienischen Anzug, einem Schweizer Hemd, französischem Schlips und braungebrannt von adriatischer Sonne, bahnte ich mir einen Weg durch die kosmopolitische Menge und reichte dem Verkäufer, ohne ein Wort zu sagen, meine Auswahl aus seinen Postkarten. Sofort sagte er (auf englisch): ›Six hundred lire, please.‹«

Weshalb reist der Mensch überhaupt?

Weil die Neugier ihn treibt und er sich, wahrscheinlich, nirgends so recht zu Hause fühlt. Seine Spanne auf Erden ist relativ kurz bemessen; irgendwo wartet schon ein endgültiger Ruheplatz auf ihn. Wer etwas von dieser Erde kennenlernen will, hat kaum Zeit zu verlieren.

Es gibt noch einen dritten Grund, den man mit einem Sprichwort umschreiben könnte, das fast alle Sprachen kennen: Das Gras auf der anderen Seite des Zauns ist immer grüner als das auf der eigenen Seite. Dort, wo man selbst lebt, ist es entweder zu kalt, mitunter auch zu heiß, zu regnerisch, zu trocken, zu wechselhaft oder nicht wechselhaft genug. Den meisten Menschen geht es wie Alfred Polgar, der »überall a bisserl ungern« war. Was spricht jener englische Mister Pief bei Wilhelm Busch? »Warum soll ich nicht beim Gehen – sprach er – in die Ferne sehen?« Dabei entfaltet er sein Nelson-Perspektiv, denn »schön ist es auch anderswo, und hier bin ich sowieso«.

Genauer gesagt: Man unterschätzt stets das, was man hat, und überschätzt, was man nicht hat. Auch die Engländer haben lange ihr eigenes Land unterschätzt, worüber sich schon deutsch-englische Maler wie Philip de Loutherbourg und frühe preußische Reisende wie Fürst Pückler, Karl Friedrich Schinkel und Theodor Fontane höchst verwundert zeigten. Das war Mitte des 19. Jahrhunderts und ist dann beträchtlich umgeschlagen. Die englische Landschaft jedenfalls war und ist heute noch so schön, so abwechslungsreich, so grün, so reich an Überraschungen und dabei so leicht erreichbar wie kaum eine andere. Es mußte schon erstaunen, warum den reichen britischen Touristen einst das eigene Land so wenig anziehend vorkam, weshalb ihnen die Blaue Grotte oder Teneriffa reizvoller erschienen als der Lake District oder die aufregende Felsenküste von Wales.

Es hat auch dies mit dem Kanal zu tun, den man überqueren muß, wenn man vom Kontinent auf die Britischen Inseln gelangen will und umgekehrt.

Der Reiseverkehr war immer größer von den Britischen Inseln zum Kontinent. Daß England, daß Großbritannien ein vorzügliches und abwechslungsreiches Reiseland ist, scheint in Vergessenheit geraten.

Vor 150 Jahren war das anders. Da mußte nach England fahren, wer etwas von der nachhaltigsten Revolution mitbekommen wollte, die je die Welt verändert hat, die industrielle. England war das Ursprungsland alles damals Modernen, von Maschinen, Fabriken, Eisenbahnen, mechanischem Werkzeug, Dampfschiffahrt, Zentralheizung bis zum simplen Wasserhahn, den noch ein nicht unverwöhnter deutscher Reisender, der Fürst Pückler, angestaunt hat. Man sah verblüfft all die vielen Bequemlichkeiten und auch schon Überflüssigkeiten, die dort – wenn auch noch nicht am laufenden Band, einer amerikanischen Erfindung Henry Fords – erzeugt wurden. Und man bewunderte dann neben der modernen Technik auch Land und Leute.

Aus Hunderten von Berichten, die Reisende nahezu aller europäischen Nationen hinterließen, spricht diese Wertschätzung. England schien den Kontinentaleuropäern sauberer, fortschrittlicher, komfortabler eingerichtet und trotzdem individueller als andere Länder. Nikolai Karamsin, in seinen *Briefen eines russischen Reisenden*: »Diese unbegrenzte Freiheit, zu leben wie man will, wenn es nur dem Wohle anderer nicht hinderlich ist, bringt in England eine Menge selbständiger Charaktere hervor und ist eine reiche Quelle für Romanschreiber.«

Und weiter: »Die übrigen Länder Europas gleichen regulären Gärten, wo ein Baum so groß ist wie der andere, wo die Wege gerade sind und wo in allen Stücken Einförmigkeit herrscht. Die Engländer hingegen wachsen, im moralischen Sinne, wie wilde Eichen empor. Sie sind zwar alle von einem Stamme; aber dabei alle verschieden.«

Tatsächlich waren Untertanengeist und Leibeigenschaft in Großbritannien längst beseitigt, als es auf dem Kontinent noch Bauernkriege gab und als Stein und Hardenberg Anfang des 19. Jahrhunderts in Preußen ihre Reformen durchsetzen konnten. Seit der Bauernrevolte 1381 gab es in England zwar soziales Unrecht und Elend genug, aber keine direkte Abhängigkeit mehr. Das System der Arbeitsgruppen, von den Bergleuten in Cornwall eingeführt, sorgte auch in industriellen Bereichen für individuelle Freiheit und Unabhängigkeit: Man arbeitete in Teams und verdingte sich bei den Unternehmern, die am meisten boten, eine frühe Vorstufe der Gewerkschaften.

Fünfzig Jahre später, Ende des 19., Anfang des 20. Jahrhunderts, fuhr man dann eher nach Schottland. Zum ersten fand sich dort noch ursprüngliches Landleben in unverdorbener Natur, und zum zweiten sorgte der Bestseller aller bestsellernden Autoren, Sir Walter Scott, mit seinen Romanen für eine weltweite Reisewerbung.

Aber ob England oder Schottland: Besucht wurde das Vereinigte Königreich, dessen Sauberkeit, Effizienz und Individualismus man schätzte und zum Vorbild nahm; das wuchs, blühte, gedieh, ohne jenen Kadavergehorsam zu verlangen, den die Obrigkeit selbst in Ländern alter Kultur und Zivilisation – Frankreich, Deutschland, Rußland – von seinen Untertanen fordern zu müssen glaubte.

Kadavergehorsam wird man noch heute in England schwerlich auftreiben. Aber seit, wie der Politiker und Autor Jeffrey Archer in seinem Roman *Es ist nicht alles Gold, was glänzt* den amerikanischen Geschäftsmann Harvey sagen läßt, die Engländer nach dem Zweiten Weltkrieg sich aus ihrem Weltreich in einer Weise abgesetzt haben, »wie es keinem amerikanischen Geschäftsmann einfallen würde, sich aus seinem Vorzimmer zurückzuziehen«, läßt auch die Effizienz zu wünschen übrig. »Harvey hatte oft überlegt, daß die Briten, brächten sie nur etwas frischen Wind in ihre Vorstandszimmer und etwas Ordnung in ihre Steuerstruktur, die reichste Nation der Welt sein könnten – und nicht, wie der ›Economist‹ einmal schrieb, eine Nation, die von den Arabern mit dem Ertrag aus zwei Monaten Ölförderung aufgekauft werden könnte. Die Briten erlaubten sich den Luxus, mit dem Sozialismus zu flirten und gleichzeitig an ihrer *folie de grandeur* festzuhalten, während es doch ganz danach aussah, als ob sie dazu verurteilt seien, in die Bedeutungslosigkeit abzusinken.«

Obwohl dieses Urteil einem amerikanischen Geschäftsmann in den Mund gelegt wird, hat es doch ein Engländer geschrieben, der weiß, was er sagt. Der Anglozentrismus hat gelitten.

Und auch die einst – unter anderem von Fürst Pückler und Schinkel – so hochgepriesene Reinlichkeit scheint mit dem Empire dahin. Was England betrifft, so kommt einem heute eher das Adjektiv »schlampig« in den Sinn. Selbst beim Besuch feinster Speiselokale sei geraten, nicht allzu genau auf die Sauberkeit des Fußbodens, der Tische, Teller und Bestecke zu achten. Auch hapert es zuweilen empfindlich an jener soliden Handwerklichkeit, für die das Land einst berühmt war und die für die erste industrielle Revolution sorgte. Mrs. Romberg, die deutsche Ehefrau eines englischen Richters, erzählte mir, daß sie nach Inspektion einer Wohnung, die sie in Bath erwerben wollten, gefragt habe: »Das Bad ist französischer Herkunft, der Fußbodenbelag stammt aus Deutschland, die Tapeten kommen aus Taiwan. Was ist hier englisch?« Die Antwort habe gelautet: *The craftsmanship.* – »Worauf ich nun gern verzichtet hätte«, wie Mrs. Romberg, durch langjährige Erfahrung geschult, seufzend hinzufügte.

Aber ein bißchen ist das wie mit dem englischen Wetter und dem englischen Essen. Beide sind besser als ihr Ruf. Für den Frühling in Cornwall und ein *full English breakfast* gebe ich alle Jahreszeiten, Gegenden und Gerichte der Welt hin, ebenso für einen kurzen, heißen Sommer im schottischen Hochland oder einen frisch gefangenen Kabeljau, in Milch gesotten. Und selbst die obligaten *fish & chips*, die ein Engländer notfalls zu jeder Mahlzeit verzehrt, schmecken mir besser und verraten mehr kulinarische Delikatesse als unsere Currywurst oder Hackfleischbulette.

Das gilt auch für die scheinbaren Makel, die wir erwähnt haben. Sie sind, wie alles auf der Welt, Kehrseiten einer Medaille, deren andere Fläche sich als makellos blankgeputzt erweisen kann. Erhalten haben sich die Engländer jedenfalls ihr Wertvollstes, die von Herrn Karamsin so hochgeschätzte absolute Individualität.

England ist überhaupt ein Land der Gegensätze. Man lebt hier zuweilen noch im 19. Jahrhundert, greift aber gleichzeitig gern ins übernächste Jahrhundert voraus. Man gibt sich altmodisch, reagiert aber immer wieder erstaunlich modern. Man trifft – auch heute noch – auf das allerbeste Benehmen, selbst bei jenen Bevölkerungsschichten, die man früher als »gering« bezeichnete, aber man kann auf das rüdeste und allerschlechteste Benehmen stoßen, das überhaupt denkbar ist (zum Beispiel beim Fußballspielen). Was Theater, Kunst, Tanz, Musik betrifft, so geht es kultiviert zu nach feinster altenglischer Art. Doch dann achten Sie einmal auf die Witze des Conférenciers beim Vaudeville in einem Strandbad. Entertainment kann in England zum Synonym werden für Geschmacklosigkeit; unvorstellbar, worüber die

Leute lachen (wenn man das Unglück hat, alles genau zu verstehen). Selbst in einer *pantomime*, die nichts mit unserer Pantomime zu tun hat, sondern etwa unserem Weihnachtsmärchen entspricht, habe ich mich nicht getraut, meiner Schwiegermutter gewisse Witze zu übersetzen, die in der nachmittäglichen Kindervorstellung gerissen wurden.

Nobody is perfect. Denken Sie immer daran, wenn Sie nach England fahren! Der Engländer hat sogar Angst vor der Perfektion, die wir so gern anstreben und im Grunde unseres Herzens als alleinigen Maßstab betrachten. Effizienz ist möglich, sogar notwendig, und – wahrhaftig – der Engländer kann leistungsfähig sein (wenn er will, auch in punkto *craftsmanship*). Sollte Ihnen jedoch ein englischer Handwerker oder Geschäftsmann folgendes sagen, nehmen Sie es für eine glatte, endgültige Absage: *It will be in in a fortnight* (In 14 Tagen habe ich es da), *It's on its way* (Ist schon unterwegs) oder *We don't have it in stock but we can order it for you* (Wir haben es nicht auf Lager, können es aber bestellen). Es wird nie kommen. Perfektion gilt nun einmal als unfein.

Immer, wenn mein Freund Peter englische Freunde oder Bekannte in sein Haus in Worthing führt, das tipptopp gehalten wird, von den Gardinen bis zum blankpolierten Fußboden, weist er bedauernd und entschuldigend auf die übergroße Ordnung und Sauberkeit hin: »Tut mir leid, ich bin mit einer Deutschen verheiratet.«

Gemäßigt und ernüchtert hat sich ein wenig Anglozentrismus durchaus erhalten. Und das ist erfreulich: Anglozentrismus gehört zum Charme der Engländer, ohne den sie zu simplen Europäern herabgestuft werden müßten. Der Kontinent bleibt Kontinent, und – dreimal gegen Holz geklopft oder *touch wood!* – England bleibt England.

Linksverkehr

Das Bestreben Englands, England zu bleiben, sollte man unterstützen, auf die Gefahr hin, gerade dasjenige zu fördern, das uns trennt. Was uns vielleicht am empfindlichsten trennt, sind zwei Dinge: das allgemeine Benehmen und der Linksverkehr.

Im Gegensatz zu anderen Ländern, die dem Äquator näher liegen, erfreuen sich die Deutschen in Großbritannien eines erstaunlich guten Rufs. Und zwar weil, wie man immer wieder hört, wir uns, Jugendgruppen eingeschlossen, besser zu benehmen wüßten als andere Ausländer. Benehmen wird in England im übrigen danach eingeschätzt, wie weit man sich nach englischen Maßstäben richtet. Und das tun wir wohl. Mich wundert das sehr, denn wenn ich an meinen Landsleuten positive Züge finden sollte, so würde ich auf übermäßig gutes Benehmen wohl zu allerletzt stoßen.

Aber vielleicht hängt das sogar mit dem Linksverkehr zusammen. Viele Deutsche scheuen ihn, und die ihn nicht scheuen, lernen, sich auf den Straßen unterordnend, sofort und instinktiv etwas von englischer Höflichkeit, Gefälligkeit, Selbstdisziplin. Diese drei Eigenschaften, auch nicht eben Erztugenden hierzulande, werden dort am meisten geschätzt, und wenn man sie beherzigt, wird und muß man den Engländern gefallen.

Zwar hat es meine Nichte noch sehr gekränkt, als sie, auf Schüleraustausch, in der Schule mit schallendem »Heil Hitler!« begrüßt wurde, aber der Krieg, der »Blitz«, der London fast zerstört hätte, die heimtückischen V 2-Raketen, das Dritte Reich haben sich in der Erinnerung rascher abgeschliffen als bei anderen Nationen. Zu Massenmorden wie in Polen, der Tschechoslowakei, den Niederlanden und anderen besetzten Ländern, zu Judenverschleppungen, Konzentrationslagern, Quislingen, Geiselerschießungen, Todeslagern, rassischen Ausschreitungen ist es in Großbritannien selbst ja gottlob nicht gekommen. Nicht selten stößt man dort sogar (*Give us back our bad old world*) auf nostalgisch gestimmte Empfindungen, auf die Sehnsucht nach den Tagen des Zweiten Weltkriegs, als das Empire noch bestand und es – mehr als das – zeitweilig ganz allein ein Bollwerk gegen Hitler bildete, der nahezu den gesamten Kontinent besetzt hielt. Der Tapferkeit und dem Zusammenhalt von damals weinen Ältere verstohlene Tränen nach, vor allem angesichts der tagtäglichen Fernsehreportagen aus Nordirland, der Ausschreitungen bei Streiks und der wachsenden Brutalität im Umkreis von Fußballspielen. Die große Eintracht unter Winston Churchill erscheint manchen als die letzte große Zeit, die England erlebt hat.

Das heißt aber nicht, daß die Hitler-Zeit vergessen ist. Sie wird immer wieder durch das britische Fernsehen, sicher nicht ganz zu Unrecht, im Gedächtnis gehalten. Kaum ein Fernsehabend, an dem nicht der »häßliche Deutsche« in Person eines SS- oder Gestapo-Mannes auftritt. Andererseits sind, wie gesagt, besonders junge Deutsche keinesfalls unbeliebt. Und das besiegte

Deutschland war, zumindest unter den englischen Soldaten, die bis zur Wiedervereinigung der beiden Deutschlands in Nordrhein-Westfalen, Niedersachsen oder dem britischen Sektor des ehemaligen West-Berlins Dienst taten, sehr populär. In Salisbury im Busbahnhof trafen wir eine ältere Dame, mit der wir ins Gespräch kamen. Sie fragte nach unserem Reiseziel, und wir nannten ihr Cornwall, eine der schönsten Landschaften Englands, wenn nicht der Welt. Sie, Mutter eines in Westfalen stationierten Offiziers, konnte nicht verstehen, warum wir den englischen Westen unserem eigenen Vaterland vorzogen. *I don't want to see the West*, erklärte sie uns, *I would rather go to Paderborn.*

Die Deutschen, die man als Touristen in Großbritannien – nicht unbedingt in London – trifft, sind aber auch fast ausnahmslos eine Klasse für sich, haben wir oft gefunden. Sie rücken in vielem das TV-Image wieder zurecht, das den Deutschen als fortwährenden Gegner, nicht immer der fairsten Art, darstellt. Die deutschen Englandreisenden sagen *sorry* oder *pardon me*, wenn sie durch Zufall im Gedränge angestoßen werden (weil es sonst dem Anstoßenden peinlich sein könnte), und ordnen sich an Bushaltestellen, Schaltern, in Banken und auf Bahnhöfen ganz selbstverständlich in jene *queue* (Schlange) ein, die sich sofort bildet (diese Art des Wartens ist übersichtlicher, gerechter und ermöglicht zudem eine viel schnellere Abfertigung). Sie beachten – oft sehr bewußt – diese urenglischen Tugenden, obwohl es einem auch in England mittlerweile schon passieren kann, daß jemand, den man aus Versehen anstößt, nicht entschuldigend reagiert, sondern einem ein unanständiges *four letter word* entgegenschleudert, oder daß ein besonders Eiliger sich in der *queue* – Todsünde! – vorzudrängeln versucht.

Wer sich nicht mit seinem Auto nach England traut und sich dort auch keines zu mieten wagt, weil der Verkehr in England auf der für ihn falschen Seite der Landstraße vonstatten geht, ist auf öffentliche Verkehrsmittel angewiesen, also auf Eisenbahn und / oder Omnibus.

In früheren Ausgaben dieser Gebrauchsanweisung habe ich meist aus voller Überzeugung und langjähriger Erfahrung die Eisenbahn empfohlen, jedenfalls solange sie noch »British Rail« hieß. Ich muß gestehen, daß ich inzwischen ebenfalls aus nun bereits langjähriger bitterer Erfahrung meine Meinung konsequent geändert habe. Was lese ich da aus eigener, verflossener Feder zu meinem Entsetzen? »Eisenbahnreisen in Großbritannien sind ganz besonders vergnüglich!« Davon kann wirklich nicht mehr die Rede sein, seit Mrs. Thatchers Privatisierungsfimmel auch die gute, alte British Rail verscherbelt hat. Zugegeben: Pünktlichkeit war nicht unbedingt sprichwörtlich für die staatliche britische Eisenbahn. Aber daß Verspätungen bis zu zehn Stunden nichts Ungewöhnliches mehr sind, im Winter Züge liegen bleiben, weil »der falsche Schnee auf die Geleise gefallen ist« (und im Herbst zur Freude aller Witzbolde der britischen Presse die falschen Blätter), hat – *tempora mutantur* – die auf weiten Reisen nicht sehr bequemen Buslinien bei mir auf den ersten Platz gerückt.

Das alles gilt, muß man hinzufügen, nicht für Kurzstrecken und Regionalbahnen, vor allem sind jene *Sprinters*, die auf kurzen Strecken eingesetzt werden, auch so beliebt geblieben wie ehedem. Es gibt da sogar noch jene Wagen, deren Türen sich nur von außen öffnen lassen und die aus zwei Gründen berühmt geworden sind: erstens wegen der Unmöglichkeit, aus Versehen aus dem Zug zu fallen, und zweitens, weil reiseungewöhnte Bäuerchen, aber auch reisegewöhnte ausländische Globetrotter verzweifelt an Bahnhöfen, wo sie aussteigen wollten, die Züge aber nur kurze Zeit hielten, keine Drücker an den Türen von innen fanden und der Verzweiflung nahe waren. Der Trick, den man beherrschen mußte, war einfach genug, und ich habe ihn auch stolz in den früheren »Gebrauchsanweisungen für England« verraten: Man mußte das Fenster herunterlassen und den Außendrücker von innen bedienen.

Jedenfalls konnte und kann auch heute noch kein Kind oder Schlaftrunkener, der eine Toilette sucht, aus dem fahrenden Zug fallen. So manches, was man in diesem Land zunächst als skurril und absolut unpraktisch empfindet, entpuppt sich bei einigem Nachdenken als zwar ausgeklügelt, aber trotzdem durchaus praktikabel.

Es sind die kleinen Dinge, die belanglos erscheinenden, aber nützlichen, die englische Behörden anscheinend länger und intensiver beschäftigen als die anderer Länder.

Da scheut man keine Mühe und vor allem keine Umwege, auch nicht, wenn sie uns Realeuropäer vom *continent* allzu weit hergeholt vorkommen mögen. Ein Musterbeispiel dafür sind die schier endlosen unterirdischen Kachelgänge der Londoner U-Bahn, die man oft kilometerweit durchwandern muß, um zum richtigen Gleis zu gelangen. Die vielen Abzweigungen und Treppen bilden aber kein Labyrinth, denn sie sind unübertrefflich mit Wegweisern ausgestattet. Das ist anderswo immer wieder kopiert, aber in dieser Exaktheit niemals erreicht worden wie in London. Es ist beinahe unmöglich, sich in diesem komplizierten System zu verirren.

Wenn man in England auf etwas stößt, über das man im ersten Augenblick den Kopf schütteln möchte, so entdeckt man häufig, daß sich im Skurrilen etwas sehr Durchdachtes, Realistisches, Plausibles verbirgt. Oder ist es umgekehrt? Geniert sich der Engländer für allzu praktisches Denken und verbirgt das so fachgerecht Erklügelte hinter augenzwinkernder Kompliziertheit? Vielleicht beides und ganz sicher mal so und mal so.

Was die Bahn betrifft, so sollten Sie beachten, daß am Sonnabend mehr Züge gehen als an anderen Wochentagen, während am Sonntag weniger in Betrieb sind und auf manchen Regionalstrecken überhaupt keine. Das gilt übrigens teilweise auch für die Busse sowohl der großen nationalen Linien als auch der vielen kleinen, die sich nicht immer so strikt auf eine Stadt oder Ortschaft beschränken wie bei uns. Sonnabends mehr und sonntags weniger hat man das Reisen innerhalb Großbritanniens immer betrieben. Wenn Sie klug sind, werden Sie es ebenso machen. Und zwischendurch – Linksverkehr! – daran denken, hier zuerst nach rechts statt nach links beim Überqueren einer Straße zu sehen.

Links vor rechts,
auch im eigenen Wagen

Wer als Kontinentaleuropäer England mit dem eigenen Wagen besucht (oder sich dort einen mietet), muß sich daran gewöhnen, daß ab Dover – oder wo immer er auf den Britischen Inseln landet – rechts links und links rechts ist. Einem geübten Fahrer geht das zwar bald in Fleisch und Blut über, aber es birgt, vor allem in kritischen Momenten, seine Gefahren.

Der erste Augenblick der Unsicherheit dürfte sich in jedem Fall am ersten *roundabout* einstellen, einer jener größeren und kleineren (oft nur winzigen) Kreisverkehrs-Inseln, die man in England alle paar Meilen in die Straßen einzubauen pflegt (Autobahnen natürlich ausgenommen). Der *roundabout*, durch einen weißen Kringel auf blauem oder gelbem Schild sorgsam angezeigt, verhindert, da er an allen Straßenkreuzungen zu finden ist, Raserei auf den ohnehin meist relativ engen Fahrbahnen und erhöht die Konzentration am Steuer. Niemals, wie gewohnt, nach rechts ausscheren! Links bleiben!

Es gibt einen Trick, der zumindest für die ersten Tage der Eingewöhnung in den Linksverkehr empfehlenswert ist. Ein guter Freund hat ihn mir verraten, der häufig mit dem Wagen sowohl in Deutschland als auch in England unterwegs ist. Er befestigt vor sich unten an der Windschutzscheibe einen kleinen roten Pfeil, der auf den Britischen Inseln nach links, im restlichen Europa nach rechts zeigt. Das erinnert ihn ständig daran, wo er ist und wie er sich verkehrsgerecht zu verhalten hat. In England gibt es derartige selbstklebende Pfeile zu kaufen. Aber man kann sie sich auch zu Hause aus Tesaband oder einem ähnlichen Material eigenhändig basteln.

Das gilt nicht für jene zweite Vorsichtsmaßnahme, die sich bei kontinentalen Wagen im Linksverkehr empfiehlt. Das Licht der auf Rechtsverkehr eingestellten Scheinwerfer weist statt an den Straßenrand auf den Mittelstreifen. Diese falsche Richtung läßt sich mit einem – meist dreieckig geschnittenen – Abdeckband korrigieren, einer Art von Scheinwerferkappe, die auf beiden Seiten des Ärmelkanals in Fachgeschäften erhältlich ist. In England fragen Sie nach *black slips for the headlights*.

Sollte trotzdem ein Unfall passieren, können Sie sich bei Blechschäden und Bagatellen mit ihrem jeweiligen Kontrahenten per Visiten- oder Versicherungskarte einigen, ohne daß jedesmal die Polizei eingeschaltet werden muß. Fahrerflucht (*hit and run*) ist in Großbritannien nur gegeben, wenn ein Mensch verletzt worden ist. Dann müssen Sie am Unfallort ausharren, bis die Polizei erscheint.

Im übrigen sind die englischen Verkehrsregeln (*highway code*) großzügiger als bei uns. Führerschein (*driver's license*) und Wagenpapiere (*log book*) sind nicht wie bei uns – oder in den Vereinigten Staaten – obligatorisch mitzuführen. Man muß beides allerdings innerhalb eines bestimmten Zeitraums, je nach Schwere des Vorfalls zwischen 24 Stunden bis zu sieben Tagen, an einem Polizeirevier (*police station*) seiner Wahl vorlegen. Das heißt:

Sollten Sie auf dem Weg nach Schottland in Bristol wegen Überschreitung der Höchstgeschwindigkeit aufgeschrieben werden, können Sie Führerschein und Wagenpapiere entweder in Glasgow oder sogar nach Beendigung der Reise in London vorzeigen. Wahrscheinlich wird jeder deutsche Fahrer stets alles wie gewohnt mit sich führen, aber erstens ist es immer gut zu wissen, was der Brauch des Landes ist, und zweitens darf man zu kurzen Ausflügen in die Umgebung des Ferienorts also ohne weiteres mal rasch entschlossen ohne Papiere losfahren.

Rigoroser noch als bei uns gehandhabt wird jedoch die Anschnallpflicht auf den beiden Vordersitzen. Es kostet jeden fünfzig Pfund, der unangeschnallt in einem fahrenden Wagen ertappt wird. Auch auf den Rücksitzen herrscht seit einiger Zeit in ganz Großbritannien Anschnallpflicht, deren Nichtbeachtung genauso teuer kommt.

Wiederum liberaler als bei uns geht es dagegen bei allem zu, was das in England besonders leidige Parkproblem betrifft. Das Parken entgegengesetzt zur Fahrtrichtung wird zum Beispiel nicht als verkehrswidrig empfunden. Man achte aber auf die Endloslinien an beiden Straßenseiten. Ein weißer Strich bedeutet Parkverbot, zwei gelbe Linien absolutes Halteverbot. Zuwiderhandlungen werden meist unnachgiebig geahndet, auch wenn die Polizei ansonsten über die abenteuerlichsten Parkideen hinwegsieht. Vergessen Sie nicht, auf öffentlichen Parkplätzen, die meist entweder den Gemeinden oder sogar Privatfirmen gehören, *to pay and display*. Zum Zahlen findet sich ein Automat, der ein Kärtchen – in manchen Fällen auch nur ein winziges Stück Papier –

ausspuckt, das man hinter den Scheibenwischer oder an ein seitliches Wagenfenster klemmt. Getankt wurde bisher in *gallons* (eine Gallone = 4,546 Liter), aber das ist heute nur noch an sehr altmodischen Tankstellen in entlegenen Landstrichen der Fall. Die meisten britischen Tankstellen haben sich längst auf Liter um- und eingestellt.

Im übrigen werden Sie bald feststellen, daß man in England einschließlich Schottlands und Wales weniger aggressiv fährt als bei uns. Fußgängern sei allerdings selbst bei Verkehrsampeln in größeren Städten extreme Vorsicht angeraten. Einbiegende Autos haben Vorfahrt vor Fußgängern, auch wenn deren Ampel bereits Grün zeigt, eine schwer verständliche Regel, und für den, der es anders gewohnt ist, lebensgefährlich genug.

Der Fußgänger kann sich leider keinen kleinen roten Pfeil vor die Augen halten, wenn er die Straße überquert. Immer zuerst nach rechts sehen statt, wie gewohnt, nach links! In London sowie größeren Städten finden sich an Zebrastreifen gelbe Pflasteraufschriften (*Look right, Look left*), aber es dauert eine Weile, ehe man sich daran gewöhnt hat. Es dauert bei mir auch immer ein, zwei Tage, bis ich mich, umgekehrt, daheim wieder umgewöhnt habe. In dieser Umstellwoche müssen beide, Autofahrer wie Fußgänger, besonders intensiv darauf achten *to do in Rome as the Romans do*.

Es empfiehlt sich, den *highway code* ruhig mal zu studieren. Man bekommt ihn umsonst bei den großen, unserem ADAC adäquaten britischen Automobilgesellschaften, der AA (*The Automobile Association*) und RAC (*The Royal Automobile Club*), auch in den meisten Informationsbüros, die sich überall mit einem kleinen »i«

anzeigen, in Dover oder anderen Grenzstationen sogar – bisweilen – in deutscher Sprache. Einige Hauptregeln: ausländische Autofahrer müssen einen nationalen oder internationalen Führerschein besitzen, ihr Auto das Nationalitätenkennzeichen aufweisen, also »D« für Deutschland, »A« für Österreich, »CH« für die Schweiz. Sehr streng geht es in punkto Alkohol am Steuer zu. Am besten trinkt man gar nichts, denn wer mit über 0,8 Promille erwischt wird, muß mit einer empfindlichen Geld-, in schweren Fällen sogar Haftstrafe rechnen. Außerdem erhält er automatisch ein einjähriges Fahrverbot, das für den gesamten Bereich des *United Kingdom* gilt. Haftpflichtversicherungszwang besteht freilich nur für Personen-, nicht für Sachschäden. Ratschlag erfahrener Autoreisender in England: vor Abfahrt eine Kurzkaskoversicherung abschließen! Darauf achten, ob Haftung für Seefahrtsrisiko und Gepäck während der Überfahrt besteht!

Gerechnet wird nach wie vor ausnahmslos in Meilen statt Kilometern pro Stunde, ganz wie im Pub das Bier weiterhin nicht nach Litern sondern *pints* ausgeschenkt wird. In geschlossenen Ortschaften darf man nicht schneller als 30 Meilen pro Stunde fahren (48 km), falls kein anderer Hinweis ausgeschildert ist. Auf Autobahnen oder Landstraßen mit getrennten Fahrbahnen sind 70 Meilen pro Stunde statthaft (112 km). Auch das sollte man getreulich einhalten. Die englische Polizei gilt zwar als die höflichste Europas, aber die Verkehrspolizei besteht nicht aus gutmütigen *bobbies*; sie läßt gewöhnlich nicht mit sich spaßen.

Im *highway code* werden auch alle in Großbritannien gebräuchlichen Verkehrszeichen abgebildet. Die meisten sind mit unseren identisch, aber es gibt eigene, original englische, je nach Grafschaft verschiedene und oft phantasievoll ausgedachte. Rätselhaft wird für manche Autofahrer sein, wenn Schilder auftauchen, die nur aus englischen Wörtern bestehen. *Roundabout ahead* kündigt jene Kreisverkehrsinseln an, von denen bereits die Rede war und die sich an jeder einigermaßen wichtigen Abzweigung finden. *Dual carriageway ahead* weist darauf hin, daß die Straße sich auf Fahrbahnen in beiden Richtungen erweitert (das Vergnügen ist oft nur sehr kurz). *Get in lane* erfordert ein Einordnen, bei *Give way* hat die andere Straße Vorfahrt. *Roadwork ahead* (mitunter ohne das international gebräuchliche Schaufelmännchen) macht auf kommende Straßenarbeiten aufmerksam; *Possible delays* zeigt an, daß irgend etwas in Bälde wahrscheinlich den Verkehr stoppen wird: unübersichtliche Straßenaufwürfe, eine Bahnschranke oder sonst ein Stau; *Slow* meint langsam, *Reduce speed now* fordert dazu auf, die Geschwindigkeit zu vermindern; *Parking ¼ Mile* kündigt eine Parkmöglichkeit innerhalb der nächsten Viertelmeile an. Die Parkbuchten sind meist sehr schmal, viel enger auf jeden Fall, als bei uns gewohnt, und zu längeren Aufenthalten selten geeignet.

In Notfällen: jene gelben Telefone benutzen, die der Britische Automobilclub entlang den Hauptverkehrsstraßen eingerichtet hat.

Im übrigen gelten in Großbritannien rücksichtslose Fahrer nicht als schneidig, sondern als Vollidioten. Diesen kleinen Unterschied in den Volkscharakteren sollten Sie bitte ebenfalls stets im Gedächtnis bewahren!

Bus and Coach

Cecil Roberts, der 1892 in England geboren wurde und vorwiegend in Rom gelebt hat, schrieb mit 27 Jahren ein Gedicht, von dem folgende Strophe im englischen Volksgedächtnis haftengeblieben ist und viel zitiert wird:

> *For I have travelled and*
> *Great beauty seen.*
> *But, oh, out of England*
> *Is anywhere green?*

Die Frage: »Doch außerhalb Englands – ist es irgendwo grün?« wird ohne Umschweife, ganz wie vom Dichter gemeint, von jedem mit einem klaren Nein beantwortet werden, der einmal, sagen wir, mit dem Bus durch Wiltshire gefahren ist. Außerhalb der Städte und Vororte oder am Meer ist England so grün, daß es auf farbempfindliche Gemüter sogar störend wirken kann. William Turner, von der Kunstgeschichte wohl als der bedeutendste aller britischen Maler betrachtet, hatte am Ende seines Lebens von der urenglischen Farbe so genug, daß er Grün kurzerhand aus seiner Palette strich. Seine Lieblingsfarbe war übrigens Gelb, also immerhin ein »halbes« Grün.

Englands Grün ist unvergleichlich. Es weist einen etwas dunkleren Ton als das unsrige auf und besitzt häufig einen Stich ins Bläuliche. Das Wetter und die stete Feuchtigkeit der Luft müssen eine besonders intensive Art von Chlorophyll erzeugen, das Wiesen und Weiden, Wälder und Hecken, junges Getreide und Wildkräuter gleichsam von innen leuchten läßt. An manchen Orten behält das Gras dieses Leuchten sogar im Winter, was man unschwer feststellen kann, wenn man mit dem Flugzeug in Heathrow landet. Das deutsche, französische, holländische oder belgische Grün, das man eben überflogen hat, läßt sich mit dem englischer Felder nicht vergleichen, ihm fehlt jenes auffällige dunkle Strahlen, das man schon von hoch oben erkennt, sobald man die Nordsee- oder Kanalküste erreicht und überquert hat.

Eine veränderte Farbigkeit. Die meisten, die noch nie auf den Britischen Inseln waren, halten das Land für grau, nebelig, dunstig, etwa wie die Lofoten. Dabei ist England ein sehr buntes Land, bunter manchmal als Italien. Das beginnt mit den unterschiedlichen geologischen Bodenverhältnissen. Fast schneeweiß ragen die Klippen bei Dover empor, die in Devon dagegen präsentieren sich tiefrot; der Granit von Inverness schimmert rosarot, grün das Gestein im Lake District, fast blau der Schiefer in Nordwales. Hinzu kommt die britische Vorliebe für farbige Häuserfassaden, die unter anderem englischen Seebädern einen mediterranen Hauch verleihen, auch für ungewöhnliche Farbtöne der Dächer. Eine solch breite Palette von Ziegelfarben wie in England gibt es wahrscheinlich nirgends sonst auf der Welt, sie werden dort rot, braun, gelb und sogar pechschwarz gebrannt; ich konnte, als wir für einen Vorbau an unserem Haus Ziegel brauchten, unter mehr als dreißig Farbnuancen wählen und entschied mich schließlich für den Ton *marigold*, der nach der Samt- oder Studentenblume (Tagetes) benannt ist. Auch Londons knallrote Busse wären ohne jene Farbenfreudigkeit nicht denkbar, die die Engländer kennzeichnet.

Aber zurück zum englischen Grün: Wer dieses Grün in Dorset, im Lake District, in den von allen Engländern heißgeliebten Cotswolds unmittelbar erleben möchte, dem sei nicht der eigene oder geliehene Wagen empfohlen, mit dem man mehr oder weniger auf die großen Landstraßen angewiesen bleibt, auch nicht die Eisenbahn, die meist allzu rasch das Schöne vorbeihuschen läßt, um alsbald wieder endlosen Vororten zuzustreben, sondern der Bus. Er bietet zwei Vorteile: erstens ist er ganz erheblich billiger als die Eisenbahn, und zweitens ist Großbritannien von einem dichten Busliniennetz durchzogen.

Bevor wir uns jedoch diesem zuwenden, hier die Wiedergabe eines Gespräches zwischen einem Neuankömmling und seinem Wirt in wortwörtlicher Übersetzung:

»Wie sind Sie hergekommen, Sir?«

»Mit dem Bus!«

»Mit dem Bus? Da sind Sie also schon eine Weile hier in der Gegend?«

»Aber nein, ich komme direkt aus London.«

»Mit dem Bus, Sir?«

»Aber ja, da steht er doch noch.«

Der Wirt, erleichtert ausatmend: »Ach so, Sie meinen die Coach!«

Zwischen *bus* und *coach* wird streng unterschieden.

Unter *bus* versteht man in England ein ausschließlich innerstädtisches Beförderungsmittel. Alles, was über eine Stadtgrenze hinausführt, es mag einem Bus noch so ähneln, heißt seit Postkutschentagen *coach*, etwa Überlandbus. So kann es Ihnen in kleinen Ortschaften passieren, daß Sie auf die Frage, wo bitte der Bus abfahre, zur Antwort bekommen, einen Bus gäbe es hier überhaupt nicht. Das entspricht sogar den Tatsachen, heißt aber nicht, daß kein Überlandbus verkehrt. Merke: Eine *coach* ist kein *bus* – und umgekehrt.

Wenn ich Ihnen also als Verkehrsmittel den Bus empfehle, so meine ich die überregionalen und örtlichen Autobus- und Coachlinien. Der Tip klingt bequem und leicht zu handhaben, aber es gibt, neben den großen *coaches* von *National Express*, die zwischen den großen Städten verkehren (*city link*), so viele kleinere Verbindungen und Seitenlinien, daß man sich in diesem Busnetz empfindlich verfangen kann.

National Express, überdies eingeteilt nach *counties* (Grafschaften), überquert deren Grenzen, was kleinere private Gesellschaften nur ungern tun (sie müssen dann mehr Steuern zahlen). In den beliebten Cotswolds, die sich über drei, vier Grafschaften erstrecken, findet es vor allem der Fremde besonders schwer, weil die verschiedenen Autobusgesellschaften, die oft auch noch von unterschiedlichen Plätzen oder Punkten des Städtchens abfahren, Grenzen beachten, die einem nicht als solche erscheinen, etwa die zwischen den Grafschaften Gloucestershire, Hereford und Worcester sowie Warwickshire.

Zudem: Es ist oft ein Kunststück, die richtige Abfahrtsstelle zu finden. In Cheltenham beispielsweise, dem neben Bath altehrwürdigsten Badeort der Britischen Inseln, heißt der grenzüberschreitende Busbahnhof *Black & White*, Schwarz und Weiß. Wie der andere, weit entfernt liegende kleinere Bahnhof heißt, von dem aus man in die nächstgelegenen Dörfer der Cotswolds gelangt, konnte uns in den sieben Tagen, die wir dort zubrachten, niemand sagen. Wir fanden ihn eher durch Zufall. In Dorchester wiederum, der Hauptstadt Dorsets, fahren die einzelnen Bus- und Coachlinien von mehreren Haltestellen ab, die keinerlei Kennzeichnung aufweisen. Es empfiehlt sich, die Touristen-Information aufzusuchen und hartnäckig Auskunft zu verlangen, auch wenn man gewahr wird, daß man anscheinend dumme Fragen stellt (was aus dem Mienenspiel der Angestellten, bei aller Bemühung um englisches gutes Benehmen, meist unverhohlen hervorgeht).

England wäre aber nicht England, wenn man stets eine hundertprozentig sichere Antwort bekäme. In Bodmin, wo wir kein Informationsbüro fanden – dabei war Bodmin einmal, wenn auch in sehr frühen Zeiten, die Hauptstadt von Cornwall –, ließ sich nur die Straße feststellen, an der Punkt sechs Uhr abends die *coach* von London nach Penzance halten würde. Meine Frau und ich stellten uns notgedrungen den Abend vor unserer Abreise an diese Straße (die sich als entsetzlich lang entpuppte), sahen, wo der Überlandbus hielt – an einem belanglosen Gebäude nahe der Kathedrale –, und waren dann am nächsten Tag mit unserem Gepäck zur Stelle.

Man lernt auf diese Weise das Land aus dem Effeff kennen, wie sich denken läßt. Da es in England immer noch zum guten Ton gehört, hilfreich zu sein, ist man um gute Ratschläge jedoch nie verlegen.

Der erfahrene Englandreisende weiß, daß man bei derartigen Ausflügen mehr Glück als Verstand haben muß und, merkwürdigerweise, auch hat. Auf geheimnisvolle Weise scheint das Unvorhergesehene in England, dem Land der unperfekten Effektivität, vor- und eingeplant, und ein Ausweg findet sich (fast) immer. Auf dem Weg von Stourhead, dem englischen Urlandschaftsgarten, zurück nach Mere in Dorset, wo wir abgestiegen waren, erwischten meine Frau und ich einmal einen – was war es, *bus* oder *coach*? – Omnibus, der ein einziges Mal in der Woche fuhr und sonst überhaupt nicht. Da wir die Strecke schon hinwärts zu Fuß zurückgelegt und auch im Landschaftsgarten unzählige Kilometer absolviert hatten, also ziemlich erschöpft waren, kam uns dieser Bus, Coach, Omnibus vor wie ein Göttergeschenk.

Und wenn auch manchmal unklar ist, wo nun Bus oder Coach abfahren, nicht gerade in den großen Städten, aber auf dem Lande und zwischen kleinen Ortschaften: Winken Sie ruhig, wenn er sich nähert, auch wenn weit und breit keine offizielle Haltestelle sichtbar sein sollte. Er nimmt Sie in neunzig von hundert Fällen mit, wenn immer es möglich ist. Auf Wanderungen in Schottland ist es uns schon passiert, daß plötzlich ein Bus oder die Coach auf offener Landstraße neben uns hielt und der Fahrer fragte, ob wir einsteigen wollten.

Apropos Schottland: Engländer – oder sagen wir besser: Briten – behaupten, es gäbe ein Höflichkeitsgefälle, das von Norden nach Süden verlaufe. Ich gebe diese Information nur unter Vorbehalten weiter, aber ein kleines Körnchen Wahrheit mag darin vorhanden sein: je nördlicher man komme, heißt es, desto freundlicher würden einem in Großbritannien die Menschen begegnen. Die Südengländer gelten als extrem kühl und unnahbar, die Schotten als das gastfreundlichste Volk der Welt. Da ich beim Spazierengehen in den Hügeln des Holyroodparks in Edinburgh schon von einem Schotten zum Tee eingeladen worden bin, nur weil ich ihm auf den zum Teil engen und steilen Wegen ausweichen mußte, kann ich letzteres aus vollem Herzen bestätigen. Aber als in Südengland ansässig geworden, möchte ich für ersteres meine Hand nicht ins Feuer legen. Dort redet man vielleicht ein bißchen schneller, aber betont unfreundlich ist auch niemand.

Der Brauch, unter Umständen auch auf offener Strecke zu halten, hat sich aber nur auf dem Lande, nicht in den größeren Städten durchgesetzt. Allgemein geworden in Stadt und Land sind jene Minibusse (*Hoppa, Hopper, Midibus* oder wie auch immer genannt) trotzdem. Sie werden überall eingesetzt, wo sich Doppeldecker oder Großbusse nicht lohnen, und sie winken häufig – für unsereinen vertraut-heimatlich – mit einem großen Mercedes-Stern. Es hat seinerzeit viel Kritik gesetzt in Großbritannien, daß man diese neuen Mini- oder Midibusse aus Deutschland importiert hat. Aber die Methode ist glänzend: sie spart Treibstoff, und der Fahrgast hat den Eindruck eines bequemeren und intensivierten Services. Ein völlig neues Omnibus-Fahrgefühl, das freilich das vielfältig ineinander verschlungene und ohnehin verzwickte englische Bus- und Coachnetz nicht eben übersichtlicher macht. Im Gegenteil. Mir kommt es so vor, als seien die Kleinbusse deshalb so schnell angenommen worden, weil auch sie einen

Hauch Ungewißheit, die Chance, Glück zu haben (oder Pech), in den Alltag hineintragen.

Wer nach England fährt, sollte also seine deutsche Pingeligkeit und das Verlangen, alles immer genau überblicken zu können, daheim lassen. Er wird nach einigen Tagen der Eingewöhnung bemerken, daß ein Quentchen Unklarheit und eine Dosis Unübersichtlichkeit ihre Vorteile haben, weil sie zum Improvisieren zwingen und auf jeden Fall freudige – allerdings auch bittere – Überraschungen bereithalten, ohne die das Leben langweiliger wäre und ereignisloser, als es unbedingt sein muß.

Grün, so sagt man, sei eine Farbe, die beruhigend wirke. Den Engländern merkt man an, daß ihre Insel womöglich grüner ist als selbst der Regenwald (den ich freilich nicht kenne). Die klassischen Tugenden eines Engländers hat George Mikes aufgezählt. Es sind dies ihm zufolge: Geduld, Toleranz, Kaltblütigkeit, trockener Humor sowie Höflichkeit. Und Mikes, einer der britischsten Schreiber des vergangenen Jahrhunderts nach P. G. Woodehouse, mußte es wissen, denn er wurde in Ungarn geboren. Stoizismus wird in England jedenfalls selbst im Alltag als eine unbedingt notwendige Geisteshaltung angesehen, die auch für Verkehrsbetriebe gilt, Fahrplangestaltung und die Chance, einen *Hoppa* zu erwischen oder nicht. Das mag nichts für Choleriker sein. Aber gerade sie können in England am meisten lernen, vor allem wenn sie hin und wieder mit dem Bus durchs grüne Land reisen, Pardon: mit der Coach.

Beginn des Abenteuers

Karel Capek, der tschechische Schriftsteller, in Kleinschwadonitz geboren, 1938 in London gestorben, ist nicht der einzige, der erstaunt entdeckte, daß in England das Gegenteil auch immer richtig sein kann. *Seltsames England* nannte er seinen Reisebericht, der 1936 zum erstenmal in deutscher Sprache erschien. Das letzte Kapitel besteht aus einer Rede, die er Anfang der dreißiger Jahre im britischen Rundfunk verlesen ließ. In ihr zählt er eine Reihe der anscheinend unlösbaren Widersprüche auf, die er in diesem widersprüchlichen Land angetroffen hat.

»Es ist das schönste und zugleich das häßlichste aller Länder, die ich je gesehen habe. Es brachte den ärgsten modernen Industrialismus zur Entwicklung und bewahrte dabei das ursprünglichste bukolische Leben. Es ist das demokratischste aller Völker und hält dabei die ältesten Reste der Aristokratie in Ehren. Es ist zugleich puritanisch ernst und kindisch heiter. Es hat die meiste Toleranz in sich und gleichzeitig die meisten Vorurteile. Es ist von allen Staaten am meisten Weltstaat, aber dabei am wenigsten von örtlichen und provinziellen Gefühlen und Interessen losgelöst. Seine Bewohner sind außergewöhnlich scheu und gleichzeitig außergewöhnlich selbstbewußt. Sie vereinigen in sich das Maximum an persönlicher Freiheit mit einem Maximum an Loyalität. Das englische Leben ist aus nüchternem *common sense* und dem Irrationalismus von Alicens Wunderland gewoben. Und so weiter. England ist das Land der Paradoxe; deshalb bleibt es ein geheimnisvolles Land.«

Das ist alles noch heute so, etliche Jahre später. Nach wie vor bietet eine Grafschaft wie Yorkshire die schönsten aller Moore und zugleich die häßlichsten aller Industrielandschaften, die denkbar sind. Aber auch die tristesten Städte – zum Beispiel Birmingham – können unversehens ein wahres Bukolien erscheinen lassen (auf Warwick Castle, ganz in der Nähe, in Warwickshire, kommt man sich vor wie im Mittelalter). Die gründlich demokratische Staatsform – der Parlamentarismus wurde hier erfunden – hält immer noch am alten Adel fest, und auf ein Adelsprädikat legen selbst greise *Labour*-Politiker Wert (schon damit die Konservativen nicht im Oberhaus, dem *House of Lords*, die Überhand gewinnen). Es dürfte kein europäisches Volk geben, das von Naturanlage und Charakter her derart demokratisch gesinnt ist. Aber Demokratie wird hier nicht als pure Gleichmacherei verkannt. Jedwede Übereifrigkeit liegt dem Briten – übrigens auf allen Gebieten – meilenfern. Wenn er am deutschen Wesen etwas zu kritisieren hat (er wird es aus Höflichkeit selten tun), dann, daß es ihm (neues Modewort) *pushy* erscheint: zu vorwärtsdrängelnd, dabei anderes, etwa den gesunden Menschenverstand, beiseite schiebend.

Gerade dadurch, daß selbst bis ins Mark überzeugte Sozialisten sich adeln lassen, meist sogar nur allzugern, wird das demokratische Element nachhaltig ins Gefüge von Staat und Politik getragen und fest in ihm verankert.

Die diversen Auszeichnungen und Orden, die jeweils zum Geburtstag der Königin vergeben und in der *Times* veröffentlicht werden, wo sie im Kleindruck mehrere Seiten einnehmen, tragen viel zum natürlichen Zusammenhalt der Briten als Nation bei. Hat Österreich, zum Beispiel, nach dem Ersten Weltkrieg den Adel völlig abgeschafft, von England aus gesehen ein *pushy* Akt der Übereifrigkeit, so sorgt in Großbritannien ein wohlabgestuftes System der Auszeichnungen dafür, daß die Demokratie eben nicht als allgemeine Nivellierung der bestehenden Unterschiede verstanden wird. Im Gegenteil. Jene Klassen- und Standesunterschiede, die auch in England langsam, wenn auch viel langsamer als bei uns, verschwinden, werden dadurch immer wieder neu (und künstlich) aufgerichtet.

Daß man dabei die Kultur nicht vergißt, nicht einmal diejenige, die wir etwas naserümpfend betrachten, gehört zum System. Sobald aus einer Tänzerin Margot Fontaine eine Dame Margot, aus dem Schauspieler Laurence Olivier ein Sir Laurence wird, stehen sie sozusagen stellvertretend zum Ruhm der Nation. Was sogar für den Pop- und Rocksänger gilt, der in krudem Englisch weit außerhalb des Establishments gesungen oder zu singen versucht hat. Mit dem Orden des Britischen Empire ausgezeichnet, ist er wieder der Repräsentant seines britischen Heimatlandes. Kann er doch in Zukunft das vielbegehrte OBE (*Order of the British Empire*) hinter seinem Namen führen.

Ein Engländer ohne zwei oder drei Buchstaben hinter seinem Namen wirkt ohnedies so gut wie nackt, was aus all den verwirrenden Abkürzungen hervorgeht, die sich zum Beispiel in den *obituary* (Nachruf)-Spalten der

Zeitungen finden, verwirrend jedenfalls für den Mitteleuropäer. Da liest man VC (*Victoria Cross*, die höchste Kriegsauszeichnung), DSC, DSM, DSO (weitere militärische Orden für *distinguished services*, herausragende Leistungen im Dienst), OM (Verdienstkreuz), BEM (*British Empire Medal*), CB (Mitglied des Ordens von Bath), GCB (Inhaber des Großkreuzes desselben), KB (Ritter dieses hohen britischen Ordens), KCB (Kommandeur dieser Ritter), DCM (*Dinstinguished Conduct Medal*), GOM (nichts Offizielles, aber gern für vor allem ältere Staatsmänner gebraucht: *Grand Old Man*), KG (Ritter des Hosenbandordens, der allerhöchsten Auszeichnung, die außer dem König oder der Königin nur an jeweils 31 ordentliche Mitglieder verliehen wird), LH (Ehrenlegion), MP (*Member of Parliament*, Unterhausmitglied, ebenfalls ein Ehrentitel), RA (bei Künstlern: Mitglied der *Royal Academy*, sind sie nur Anwärter: ARA, in Schottland: RSA), um nur die wichtigsten zu nennen.

Im übrigen werden auch die Doktor- und Magistertitel den Namen nachgestellt, was sich bei den Magistern, *Master of Arts* (MA), ja auch bei uns eingebürgert hat. PhD ist der *Doctor*, PhB der *Bachelor* der Philosophie, JD der Doktor der Jurisprudenz, MD der Doktor der Medizin. Ein nachgestelltes Bt bedeutet jedoch *Baronet*, also Angehöriger des niederen englischen Adels (etwa zwischen *knight* und *baron*; aber es würde zu weit führen, diese äußerst komplizierten Rangunterschiede in aller Ausführlichkeit darzulegen). Mit einigem Stolz hinter den Namen angeführt werden auch bestimmte Organisationen, ein SA, was für Deutsche immer noch ein bißchen verfänglich klingt, steht für Heilsarmee (*Sal-

vation Army), ein MPO für *Metropolitan Police*: Die drei Buchstaben bedeuten, daß man Mitglied der weltberühmten Scotland-Yard-Mannschaft ist. Ausgebürgert hat sich das *Esq*, das früher obligat hinter den Namen eines jeden geschrieben wurde, den wir im Deutschen als »Herrn« titulieren würden. Nur manche Banken fügen die Abkürzung für *Esquire*, die etwa unserem »Hochwohlgeboren« entspricht, dem Namen ihrer Kunden noch hinzu.

Verblüffen lasse man sich nicht durch die ewigen Witzbolde, die die englische Krankheit der Zwei- oder Dreibuchstabenhinzufügungen zum Anlaß für – längst abgedroschene – Scherze nehmen. Als Musterbeispiel sei das PDQ angeführt: *Pretty damn quick* (ziemlich verdammt eilig).

Provinzialismus und Universalismus gehen, so scheint es, eng verschwistert Hand in Hand; und wer daran glaubt, kann im Land des spekulativen Pferdeverstands Geistern begegnen; kaum eine Grafschaft, in der es nicht an mehreren Stellen spuken würde.

Capek, einer der geistreichsten Autoren zwischen den Kriegen und ein engagierter Demokrat, hat über die wechselnden Zeiten hinweg recht behalten. Seine Quintessenz würde ich aber modifizieren. England ist kein Land der Paradoxe, denn merkwürdigerweise widersprechen sich in diesem Land Gegensätze nicht. Das liegt an den Menschen, die es fertigbringen, von sachlichem Wirklichkeitssinn geprägt zu sein und gleichzeitig Freude an überkommenem Aberglauben haben. Sie scheinen instinktiv zu wissen, daß Traditionen nicht auf einem einzigen Bein stehen, sondern zumindest auf zweien – da steht es sich allemal sicherer.

Weltläufigkeit und Beschränkung schließen sich beim Engländer, anscheinend seit jeher, zu einem Kreis zusammen. Im Britischen Empire ging einst die Sonne nie unter, aber worauf schien sie, selbst dort, wo im Sommer Winter und im Winter Sommer war? Auf einen beharrlich selbst nach Kanada, Indien, Indonesien und auf die Jungfraueninseln importierten *English way of life*: auf *early morning tea*, Cricket- und Polo-Konkurrenzen, mehr oder weniger feierliches Abendessen, zu dem man sich in Schale warf. Die Engländer selbst haben als erste diese ihre Eigenschaft, England gleichsam überall hin mitzunehmen und sogar auf andere Völker zu übertragen, in Wort und Bild karikiert.

Wie ihr *bowler hat* (zu deutsch: Melone), noch in den siebziger Jahren Abzeichen des seriösen Londoner Geschäftsmannes, aus dem Straßenbild so gut wie verschwunden ist und von der jüngeren Generation nur noch mit dem unsterblichen Charlie Chaplin in Verbindung gebracht wird, hat sich in England der ehemals praktizierte Lebensstil ebenso abgeschliffen wie der Anglozentrismus. Was die früher so aktuelle »Kleiderfrage« betrifft, so gewinnt man heute eher den Eindruck, der durchschnittliche Engländer sei bemüht, möglichst lässig angezogen zum *dinner* zu erscheinen, offizielle Anlässe ausgenommen. Die Rennen in Ascot mit all den vornehmen Damen, deren Kopfbedeckungen am nächsten Tag ausführlich in der Presse abgebildet, beschrieben und seziert werden, sind auch für den Briten (und bestimmt sogar für die Damen selbst) ein *carnival*, das heißt eine Gelegenheit, Tradition als Verkleidung zu tragen. Und verkleidet in diesen oder jenen *fancy dress* haben sich die Engländerin und der Engländer seit jeher gern und tun es heute noch. Ich habe Lord S., den höchsten Adligen der Gegend um T., zwar schon als Araber verkleidet, aber noch nie im Frack gesehen.

Wir Kontinentaleuropäer glauben an die Unbedingtheit von Meinungen, Lehrsätzen, Vorhaben, Theorien, Lebenseinstellungen und vor allem Ideologien. Engländer, Briten, schließen sich höchstens dem, was man »letzte Dinge« zu nennen pflegt, grundsätzlich und ohne Vorbehalte an. Die Welt ist weiter und meist auch kurioser, als man denkt, und je offener man sich hält, desto bewußter und – sogar das! – realistischer lebt man.

Nicht, daß man sich mit Engländern, Briten, nun besser über letzte Dinge – bei den Engländern: Gott, Shakespeare und Cricket – unterhalten könnte. Eher das Gegenteil ist der Fall. Jeder Brite, auch der Intellektuelle, wird lieber auf einen belanglosen, liebenswürdigen *small talk* eingehen, als sein Lebensgerüst freilegen. Dies unter anderem auch, weil er nur selten ein Lebensgerüst besitzt, das unwandelbar wäre. Kein Volk der Welt hätte den Fall des eigenen Weltreichs nach einem gewonnenen Krieg derart stoisch verkraftet, wie es die Briten taten. Sie wissen, daß einem heute der Wind ins Gesicht wehen, er morgen aber schon wieder die Segel blähen kann. Und natürlich umgekehrt. Warum glauben wir Kontinentalen so gern an die Medaillen mit nur einer einzigen Seite? Der Engländer akzeptiert deren zwei, und das von vornherein. Was Capek als Paradoxie bezeichnete, ist in Wirklichkeit Ambivalenz. Und es fragt sich, was als übergeordnete Lebenseinstellung realistischer ist: Ein- oder Zweiäugigkeit. Wer nach Großbritannien fährt, sollte sich daher nicht verblüffen lassen. Es kann alles ganz genau so sein, wie er es sich vorstellt, und alles ganz anders.

Am bequemsten fliegt man natürlich auf die Insel und landet auf einem der vier Flughäfen Londons. Wer in London bleiben möchte, sollte eine AT-Pauschalreise (*airtours*) buchen. Dieses Arrangement – Hin- und Rückflug inklusive Übernachtung nebst Frühstück und Stadtrundfahrt – ist sehr viel preisgünstiger, als wenn man alle Leistungen einzeln bucht und bezahlt. Wer das Land erkunden oder länger bleiben möchte, sollte das Super-Apex-Programm nutzen. Der Vorteil: Hin- und Rückflug kosten nur zirka ein Drittel des gewöhnlichen Preises. Der Nachteil: Man muß den gesamten Flugpreis eine oder zwei Wochen vor Antritt der Reise entrichten, deren Termin man dann nicht mehr verschieben und deren Buchung man nicht mehr rückgängig machen kann (Ausnahmen bilden nur direkte Todesfälle, worunter man den eigenen oder den Tod sehr naher Angehöriger verstehen darf). Es gibt jedoch Stornierungsversicherungen. Aber da wird ein einigermaßen gutes Reisebüro jeden individuell beraten können.

Worüber die Reisebüros meist nicht informiert sind: über jene Möglichkeiten, bei Weiterreisen London zu vermeiden, was Stunden sparen kann. Es gehen von Heathrow, einem der größten Flughäfen der Welt, auf dem jede Minute ein Flugzeug startet oder landet, von Gatwick, Luton oder Stanstead regelmäßig (meist halbstündig) Busse oder Coaches der *Rail Link* zu nahen Bahnstationen in der Umgebung. Wer beispielsweise in den Westen will, besteigt den Zug besser, das heißt zeitsparender, in Reading als in Paddington.

Seit Großbritannien in die Europäische Gemeinschaft eingetreten ist – bezeichnenderweise unter einer *Labour*-Regierung –, benötigt der Bundesbürger kein Visum mehr, Reisepaß oder Kennkarte genügen. Er muß auch nicht die auf den Fähren oder im Flugzeug verteilten weißen Landekarten ausfüllen. Zur Paßkontrolle durch das *Immigration Office* ordne man sich unter EEC – die englische Abkürzung für die Europäische Gemeinschaft – ein. Eine Zollkontrolle findet innerhalb der EU für Zivilreisende ja nicht mehr statt. Früher mußte man sich getreu der Schilder *Nothing to declare* (Nichts zu verzollen) oder *Goods to declare* (Gegenstände zu verzollen) einreihen. Man wird als Tourist trotzdem nicht zuviel Gepäck mit sich herumschleppen. Wer jedoch einem guten Tropfen nicht abgeneigt ist, sollte ihn in mäßiger Menge ruhig mit sich führen. Wein, aber auch schärfere Sachen, sogar einheimische wie schottischer Whisky, sind drüben weit teurer als hier. Das gleiche gilt für Tabakwaren. Was Sie selbst verbrauchen, dürfen Sie mit sich führen.

Mit jeder Einreise auf einem in der EU ausgestellten Paß ist ein halbes Jahr Aufenthaltserlaubnis verbunden, die sich übrigens automatisch verlängert, wenn Sie nachweislich auf Arbeitssuche sind. Eine polizeiliche Anmeldung gibt es in Großbritannien nicht. Ein Freund, der sich irgendwo anmelden wollte, weil er länger als ein halbes Jahr zu bleiben gedachte, erhielt auf der betreffenden Polizeidienststelle die Antwort, ihre Aufgabe sei der Schutz der Bevölkerung und nicht deren Kontrolle. Er ging beschämt von dannen.

Zwischen Großbritannien und Deutschland gibt es im übrigen ein sogenanntes Doppelversteuerungsabkommen. Honorare, Zinsen oder was immer Sie eventuell in England einnehmen, müssen von Ihnen also daheim versteuert werden. Kleine Warnung aus gegebener Erfahrung: Glauben Sie nicht, England sei weit weg und das heimische Finanzamt auch. Wenn in Großbritannien etwas effektiv arbeitet, dann das Steueramt (*tax division*). Die Umrechnung erfolgt übrigens nach dem Tageskurs des Datums Ihrer Einnahme drüben.

Aber dieser Hinweis muß den Touristen, der am Ende Geld nicht einnehmen, sondern ausgeben will, kaum kümmern. Er stürze sich ins Gewühl. Der Rat ist für alle, die nicht in London bleiben wollen und dort vorgesorgt haben, wörtlich zu nehmen. Das im vorigen Kapitel beschriebene Coach-Netz von *National Express* läuft im Busbahnhof nahe dem Victoria-Bahnhof wie in einem Nadelöhr zusammen; es geht dort entsprechend chaotisch zu. Sie gelangen zwar von hier bis in die letzten Winkel der Britischen Inseln (übrigens auch auf den Kontinent), aber die Abfahrtsteige sind unübersichtlich angeordnet, alles ändert sich dauernd, vor den unzähligen – und nun wieder sehr übersichtlich angeordneten – Fahrkartenschaltern bilden sich lange Schlangen, die zwar durch *handrails* ungemein geordnet bleiben, aber viel Zeit erfordern. Ansonsten drängt, schiebt, hastet, schleppt, schwitzt alles durcheinander. Sie sind in London.

Ehe Sie verzweifeln, denken Sie daran: London ist nicht England. Denn kaum sitzen Sie in der *coach*, sind Sie dem Tohuwabohu entronnen und befinden sich in einem Zustand, den man getrost als in Abrahams Schoß bezeichnen darf.

Das Abenteuer England kann beginnen.

Sic transit

Als meine Frau und ich nach dem Krieg zum erstenmal nach London fuhren, stand das Pfund noch bei zwölf Mark. Obwohl wir lange gespart hatten, waren wir entsprechend knapp bei Kasse. Die Kasse verwaltete ich, weil ich behauptet hatte, mit englischem Geld umgehen zu können. Das erwies sich jedoch, meinen Vorkriegs- und Kriegserfahrungen zum Trotz, als unerwartet schwierig. Zum ersten hatte ich die Erfahrungen unter ungünstigen Umständen gesammelt, nämlich als unmündiges Kind beziehungsweise Kriegsgefangener, und zum zweiten waren die Briten damals noch nicht zum Dezimalsystem übergegangen.

Ein Pfund hatte, zum Beispiel, 20 Schilling, ein Schilling wiederum zwölf Pennies. Die Preise waren stets nach *pound, shilling* und *penny* ausgeschildert, etwa: 2/10/6 oder 4/8/−, was zu pausenlosem Rechnen zwang. Zudem gab es eine Krone, die −/5/− wert war, also fünf Schilling. Hinwiederum gab es für die *Guinea* nicht einmal eine Münze, sie war ein imaginäres Pfund mit 21 statt 20 Schilling. Das winzigste Kupferstück bildete der inzwischen verschwundene *halfpenny* (hap'ny ausgesprochen), so daß man sich auch noch mit Preisen wie 2/10/6½ herumquälen mußte, zu schweigen vom *farthing*, dem Viertelpenny.

Ich war total verwirrt und gab einem Taxifahrer aus Versehen statt drei Schilling drei Pfund als Trinkgeld. Als ich meinen Irrtum im Hotel meiner Frau gestand, waren wir zuerst verzweifelt, dann entschlossen wir uns, die Pfunde bei den Mahlzeiten wieder einzusparen, und lachten herzlich über meine Dummheit und den Eindruck, den der Taxifahrer von den neureichen Deutschen bekommen haben mochte. »Wenn du weiter so mit dem Geld umherwirfst, müssen wir morgen wieder abreisen«, meinte meine Frau.

Ich lese im Reiseführer, den wir damals mithatten, die beiden Sätze: »Der sparsame Tourist kommt in London mit etwa drei Pfund (annähernd 33,60 DM) täglich aus. Wer mehr zur Verfügung hat, wird es leicht haben, seine Pfunde loszuwerden.« Davon stimmt nur noch der letzte Satz. Als wir uns zehn Jahre später eine Ferienwohnung im Südwesten leisteten, war das Pfund nur noch an die fünf Mark wert. Wer sehen will, wo es heute steht, schlage die Wirtschaftsseite seiner Tageszeitung auf. Mit drei Pfund kommt man heutzutage nicht mehr weit in London; sie sind als Trinkgeld immer noch überhöht, aber doch keineswegs mehr so astronomisch wie damals. *Sic transit gloria Pfundi!* Wenn ich heute jemandem erzähle, ich hätte drei Pfund an *tip* oder, vornehmer, *gratuity* gegeben, klingt es wie bloße Angabe, und keiner lacht.

Trinkgeld gibt man übrigens ganz wie bei uns nach Belieben. Faustregel für Lokale: etwa zehn Prozent der Zeche. Bei kleineren Bestellungen in Cafés ist kein Trinkgeld nötig, des weiteren dann nicht, wenn die Inhaberin oder der Inhaber selbst bedienen. In diesem Fall steckt man ein paar Pennies in die Sammelbüchse karitativer Organisationen, die überall verschämt auf Tresen oder Theken stehen, für die Gesellschaft zur Rettung Schiffbrüchiger (RNLI) oder die Blinden.

Vorbei sind freilich auch die Zeiten, da sich Pfund Sterling und »Deutschmark« einander annäherten. Eine Weile konnte man sich mit der deutschen Währung in Großbritannien vorkommen wie die Amis nach Kriegsende in Deutschland. Seither hat auch auf der Insel eine ständige Inflation eingesetzt. Weder die Tories noch die Labour-Regierung haben sie aufhalten können. Auch die Londoner Hotels sind immer teurer geworden. Von Bankmanagement verstehe ich nichts, aber muß mich doch ständig darüber wundern, wie ungerecht jedenfalls der internationale Geldumtausch die Währungen begutachtet und ihren gegenseitigen Wert festsetzt. In den letzten drei Jahrzehnten hat es kaum eine Zeit gegeben, in der es möglich gewesen wäre, beim Umtausch von deutschem Geld eine in der Kaufkraft adäquate Menge englischer Währung zu bekommen. Was merkwürdigerweise ebenso umgekehrt, viele Engländer an ihrem Umtausch ihres *money* in deutsches Geld beklagen.

Was den Umtausch betrifft: Häufig wird man von Freunden oder Bekannten, die nach England reisen wollen, gefragt, wo der Umtausch günstiger sei, daheim oder in England. Die Antwort: das wechselt. Ein gutes Reisebüro wird aber stets aktuell beraten können. Mit Bargeld sollten Sie jedoch auf jeden Fall reisen, wo immer Sie es auch umtauschen: Euroschecks werden im Commonwealth zwar überall akzeptiert, kosten aber eine höhere Umtauschgebühr, und ein Postsparbuch ist insofern unpraktisch, als man von ihm nur in bestimmten Postämtern abheben kann – in manchen Grafschaften nur in einer einzigen Stadt.

Geldumtausch in Pensionen oder Hotels sollte man vermeiden, vor allem in London. Da Wechselstuben gewöhnlich auch sonn- und feiertags geöffnet sind, in den Ferienorten zur Hochsaison sogar am *bank holiday* (öffentlicher Feiertag), dürften sich keine Schwierigkeiten ergeben. Die jeweiligen Tageskurse finden sich überall, meist schon draußen im Schaufenster, angeschlagen. Nur dort umtauschen, wo diese Kurse tatsächlich schon vorher bekanntgemacht wurden!

Sonnabendmorgen. Der große Wechsel findet statt. So individualistisch die Engländer sein mögen, sie lieben zugleich eine gewisse Uniformität. Ihre Häuser bauen sie sich mit Vorliebe eins wie das andere in gleichförmiger Abfolge, und ihre Ferienreise – meist nur acht Tage oder *a fortnight* (zwei Wochen) – treten sie allesamt grundsätzlich nur am Sonnabend an. Da verkehren, wie gesagt, dann doppelt so viele Busse und Züge wie werktags, und im Sommer, vor allem in der Ferienzeit, sind sie ausnahmslos voll besetzt. Komplette Familien, Großeltern, Eltern, Kinder, schleppen Gepäck zum Bahnhof oder zur Busstation, indes andere, eben eingetroffen, in den Kaffee- oder Teestuben eine Pause einlegen, von Koffern und Taschen umgeben, weil sie warten müssen, daß die Quartiere gereinigt werden, was samstags zwischen ein und zwei Uhr geschieht. Die Ferienorte duften dann verlockend nach frischgebrühtem Kaffee.

Auch das hat sich geändert: Der früher vorherrschende Tee wird nur noch zum Frühstück getrunken oder zum legendären *early morning tea*, den man aber nur noch selten in besonders altmodischen Hotels gereicht bekommt. Gegen elf Uhr vormittags haben sich die Briten, sozusagen zum zweiten Frühstück, eine Tasse *freshly brewed coffee* angewöhnt: eine Sitte, die meine Frau und ich längst übernommen haben, obwohl der Kaffee meist besser duftet, als er schmeckt. Allerdings ist, seit sich seltsamerweise die Unsitte des Teebeutels auch im Heimatland der Teetrinker hat durchsetzen können, die durchschnittliche Qualität des Tees erheblich gesunken. Werden Sie, wie mancherorts üblich, gefragt: *Weak or strong?*, antworten Sie um Himmels willen nicht *weak*, selbst wenn Sie den Tee nicht sehr stark wünschen! Sie erhalten sonst nämlich schwach bräunlich gefärbtes heißes Wasser.

Zurück zu den hektischen Sonnabenden. All die im Sommer überfüllten Badeorte scheinen jedenfalls der Tatsache, daß es den Engländern wirtschaftlich nun schon seit Jahrzehnten nicht eben gutgeht, hohnzusprechen. Das große Reisen im Juli und August findet immer noch statt. Aber das Zauberwort heißt *accommodation* und ist eigentlich unübersetzbar, auch wenn mein Lexikon neben vielen anderen weit hergeholten Wörtern drei Übersetzungen vorschlägt, die den Inhalt insgesamt, wie ich meine, ganz gut treffen: Anpassung, Versorgung und Unterbringung.

Tatsächlich kann man sich dem britischen, seit über einem Jahrhundert erprobten Unterbringungssystem nach individuellem Geschmack und Geldbeutel hervorragend anpassen. Es hält zwischen dem Hotel mit drei oder vier Sternen – oft einer alten Burg oder einem Herrensitz, *Manor House* – und den weitab am Strand an einsamer Stelle in die Dünen gesetzten Holzhäusern und

Caravans eine breite und für den Fremden unübersichtliche Fülle von Zwischenlösungen bereit, die nahezu jeden Pfund- oder Euroreserven entgegenkommen. Das ist, besonders im hektischen Sonnabendbetrieb, zwar mit einigen Risiken verbunden, ganz wie das englische Wetter, aber Risiken verstärken, zumindest für die meisten Engländer, den Reiz. Bei Deutschen, die gern auf Nummer Sicher gehen, empfiehlt sich allemal die Vorbestellung, auf jeden Fall in der Hochsaison. Es ist jedoch noch nie vorgekommen, daß Reisende, die keine Buchung vorgenommen hatten, ohne Dach über dem Kopf geblieben sind. Wer sich anmeldet, legt sich fest, wer ins Blaue fährt, findet vielleicht eine Unterkunft, die schöner und billiger ist als die, die er blind gebucht hätte.

Unser Freund Bob, zum Beispiel, ist jedesmal enttäuscht, wenn sich der Kanal bei der Überfahrt nach Dover ruhig präsentiert, denn ohne bewegte See und eine heftige Seekrankheit hat er das Gefühl, für sein gutes Geld nichts bekommen zu haben, was ihm – in diesem Fall an Unbilden – zusteht.

Das gilt auch für die *accommodation*.

Wer sich kein Hotel leisten will oder die Ferienwohnung nicht rechtzeitig bestellt hat, kann zum Beispiel in einem *guest-house* absteigen. Ein *guest-house* ähnelt unserem Hotel garni, bedingt aber mitunter – Vorsicht! – einigen Familienanschluß, der je nach Familie (sie besteht fast immer aus einer einzigen, meist etwas schrulligen Dame) angenehm sein kann oder anstrengend. Ich erinnere mich an die Lady eines *guest-house* in R., die jedem Gast ihre selbstgebackenen steinharten Kekse anbot, deren Verzehr sie wie ein Schießhund überwachte (»Stellen

Sie sich vor, ich hatte schon Gäste, die habe ich dabei ertappt, wie sie meine Betthupferl heimlich in den Müll zu werfen versuchten«).

Guest-houses sind billiger als Hotels, erstaunlicherweise aber oft genauso gut oder sogar besser eingerichtet als diese. Noch billiger ist *bed and breakfast*, an den Fenstern oder den galgenartigen *signposts* im Vorgarten oft nur als B & B angekündigt. In der Hochsaison verdienen sich in den Ferienorten und an den Reiserouten unzählige Familien mit B & B ein Zubrot und wohnen selbst solange in der Garage oder der Küche.

Auch hier kann man Glück haben oder Pech. Nie vergessen werde ich den Dialog mit einer Wirtin, die uns gleich zu Anfang das Betreten der vierten Treppenstufe von unten verbot, weil diese knarren würde und dadurch ihre unzähligen Katzen aus dem Schlaf geschreckt werden könnten. Wir kamen mittags vom Strand und wollten uns, B & B noch ungewohnt, ein Stündchen aufs Ohr legen. Da wir keinen Schlüssel bekommen hatten, läutete ich an der Haustür. Die Wirtin, in deren Haus sich die knarrende vierte Treppenstufe befand, erschien und fragte: »Was wünschen Sie, bitte?«

Ich antwortete: »Madam, ich habe bei Ihnen ein Zimmer gemietet!«

Ihre Antwort: »Kein Zimmer, mein Herr, sondern Bett und Frühstück. Das Frühstück haben Sie gehabt, und Sie haben selbst gesagt, es war gut. Das Bett bekommen Sie heute abend wieder. *All right?*«

Die Tür fiel ins Schloß, und wir standen draußen, trotz des strömenden Regens.

In diesem Fall empfiehlt sich eine kleine Variante, die sich *room and breakfast* nennt, meist ein klein wenig teurer ist, aber auch die Benutzung des Zimmers tagsüber garantiert. Hinzufügen muß man allerdings, daß es ganz reizende B & B-Wirtinnen gibt, die ihre Gäste sogar bei nur einer einzigen Übernachtung mit selbstgebrautem Bier und Ausflugssandwichs traktieren. Und selbst bei B & B gibt es mitunter so etwas wie Küchenbenutzung, oder ein Schild besagt: *Evening Dinner Optional*, was sich für manche so anhört, als müsse man die Abendmahlzeit einnehmen, aber genau das Gegenteil bedeutet: auf Wunsch Abendmahlzeit. Zugleich sollte noch eine Ausschilderung erklärt werden, auf die man zuweilen stößt: H & C *in all rooms* heißt *Hot and Cold in all rooms*, also heißes und kaltes Wasser in allen Zimmern. (Die Engländer haben einen fatalen Hang zu Abkürzungen, die rasch in den allgemeinen Sprach- und Schreibgebrauch übergehen.) Zu warnen ist freilich vor privaten Herbergen, die nur das ominöse *accommodation* anzeigen, was in diesem Fall Unterbringung im kargsten Wortsinn bedeutet, ohne jede Anpassung.

Noch billiger bekommt man's in den *caravan sites*. Sie liegen meist weit außerhalb der jeweiligen Ortschaften, an steilen Hängen und umgeben von Weiden mit grasendem Rindvieh. Diese Campingplätze bestehen aus Wohnwagen, die permanent aufgestellt sind, häufig schon ohne Räder: Miniatur-Sommerhäuschen. Fast immer ist auch noch Platz gelassen für Leute, die ihre eigenen Anhänger mitbringen.

Hier beginnt die Kategorie der sogenannten *self-catering accommodation*, der Selbstversorgung, denn man muß die Verpflegung vom nächsten Dorfladen zwei Meilen weit über die Felder schleppen und sie auf schwacher Gasflamme kochen. Da aber *room and breakfast* auch in der kleinsten Hütte möglich sind, gelingt es den anpassungsfähigen Engländern sogar als Großfamilie in derartigen *accommodation* unterzukommen. Aus einem Caravan habe ich zu meinem Erstaunen schon zwölf Leute, große und kleine, hervorquellen sehen. Aber auch das *self-catering* besitzt viele Varianten, die, bis hin zu luxuriösen Ferienwohnungen reichend, von den lokalen Agenturen vermietet werden.

An Wendigkeit und Vielfalt ist das Angebot zur Übernachtung jedenfalls auf den Britischen Inseln kaum zu schlagen. Kunststück, daß die langjährige Inflation, so wütend sie zeitweise auch die Zähne fletschte, gegen eine so vielseitige Palette von Möglichkeiten des Ausweichens und der Anpassung nicht ankam.

Das wirkliche Zauberwort indes heißt wohl weniger *accommodation* als vielmehr »Bescheidung«. Mit ihr und mit Sportgeist haben die Briten es verstanden, sogar unlösbare Probleme zu lösen.

Das wird ihnen allerdings entschieden erleichtert durch eine beneidenswerte Volks- oder nationale Eigenschaft, die nicht einmal unbedingt etwas mit dem vielzitierten Konservatismus Großbritanniens zu tun hat, wenn er dabei auch eine gewisse Rolle spielt. Ich meine den gebührenden Abstand von jeglicher Neuerungssucht, den der Engländer gleichsam instinktiv einnimmt, während man in anderen europäischen Ländern, Deutschland eingeschlossen, etwas Bestehendes, selbst wenn es sich bewährt hat, immer und überall zu verbessern trachtet, was häufig genug auf Verschlimmbesserung hinausläuft.

Beim Engländer ist es umgekehrt: Er behält das Bewährte, Praktische oft auch weit über denjenigen Zeitpunkt bei, an dem es sich nicht mehr bewährt und unpraktisch geworden ist. Es könnte ja sein, daß es nach einiger Zeit des Abwartens wieder praktisch wird.

Auf diese Weise sind dem Landschaftswanderer zum Beispiel jene »öffentlichen Fußwege« erhalten geblieben, die es bei uns nur noch ganz selten gibt. Als *public footpath* durch einen grünen Wegweiserpfahl mit weißer Schrift ausgewiesen, beruhen sie auf uralten Wegerechten, die zum Teil noch aus dem Mittelalter stammen, und führen querfeldein über Wiesen, mitunter auch Äkker, ja, direkt durch Kornfelder hindurch. Sie ermöglichen Wanderungen als echtes Naturerlebnis und bilden so etwas wie eine nationale Institution. Daß die Bauern darüber wenig beglückt sind, läßt sich denken, aber sie müssen, wenn auch grollend, die Durchgangs- und Übergangsmöglichkeiten instand halten, indes örtliche Wandergruppen oder Naturschutzvereine Jahr für Jahr eifersüchtig darüber wachen, daß die Spur der Pfade erhalten und in jedem Frühjahr erneuert wird, damit das Wegerecht nicht verlorengeht.

Es kann vorkommen, daß ein wackerer Landwirt auf manchen Durchgangsweiden grimmig dreinschauende Bullen hält oder eine angriffslustige Gänseschar – ich bin schon auf beide Tierarten gestoßen –, aber das ist die Ausnahme, um so mehr als sich Benutzer des Wegerechts strikt an die Wegstrecke zu halten haben und es, bei der englischen Neigung zur Selbstdisziplin, meist auch tun.

Es gibt dafür sogar einen *country code*, einen Kodex für das Wandern durch für Ackerbau oder Viehzucht benutztes Gelände. Man soll keinen Abfall hinterlassen

(*Take it home!*), kein offenes Feuer anlegen, Hunde an der Leine führen, die Gatter und Tore wieder hinter sich verschließen, Zäune, Hecken und Mauern nicht betreten und überhaupt das Leben von Tier und Pflanze schützen – *Respect the life on the countryside*. Mag solch mittelalterliche Relikte als altmodisch und unpraktisch betrachten, wer will, man kann nirgends natürlicher das Land durchwandern als in England und Wales (für Schottland gelten eigene und beinahe noch günstigere Bedingungen).

Der Rucksack-Tourismus erfreut sich heutzutage nicht überall und bei jedem eines besonders guten Rufs. Aber wer als Schüler oder Student mit beschränkter Reisekasse darauf angewiesen ist, beziehungsweise trotz fortgeschrittenen Alters die individuelle Form bevorzugt, mit der Habe auf dem Rücken das Land zu durchstreifen, findet dafür in England geradezu ideale Bedingungen sowie »tiefere, bleibendere Eindrücke ... als die übliche Form des Reisens«, wie Detmar Grammel versichert, ein Schulleiter mit großer Erfahrung in Klassenfahrten nach und durch England.

Ihn darf ich, da diesem Alter weit entwachsen, den diesbezüglichen Geschmack auch nicht mehr teilend, zitieren, was die englischen Jugendherbergen betrifft, die durch die Buchstaben YHA (*Youth Hostel Association*) gekennzeichnet sind. »Diese Intention (des Rucksackwanderns) läßt sich, stützt man sich auf Jugendherbergen, in Deutschland nicht mehr verwirklichen«, liest man in der Projektbeschreibung einer Klassenfahrt, »da – entsprechend der Entwicklung des Lebensstandards – auch die Jugendherbergen sich mehr und mehr zu komfortablen Übernachtungsbetrieben mit Vollpension gewandelt haben. In den Jugendherbergen des englischen und walisischen Jugendherbergverbandes ... ist der ursprüngliche Geist noch vorhanden: Gruppen in Klassenstärke sind selten, es dominieren Einzelwanderer aus aller Welt. Jede Jugendherberge besitzt eine Selbstkocherküche, praktisch mit dem Nötigsten ausgerüstet. Ein Zwang, Verpflegung zu buchen, besteht nicht (Ausnahme: Jugendherbergen mit Ausstattung für *field studies*). Da die Jugendherbergen zumeist umgewandelte Villen (Oxford, Bath), Pfarrhäuser (Duntisbourne Abbots), Farmhäuser ... sind, gibt es keine 4-Bett-Zimmer mit der obligatorischen Naßzelle, dafür den althergebrachten Schlafsaal – und natürlich auch keine besonderen Zimmer für die Lehrkräfte. Die sanitären Einrichtungen waren in allen 34 Jugendherbergen, die ich in England und Wales (z. T. mehrmals in den letzten 22 Jahren) besucht habe, ohne Beanstandungen.«

Freilich, wie Rektor Grammel in einem Brief an mich hinzugefügt hat, sind die rund 280 englischen Jugendherbergen nur »selten dort vorzufinden, wo der Baedeker-Tourist sie braucht: Sie liegen zumeist abseits. In den großen Städten sind sie Mangelware (Ausnahme: London)«.

Er ergänzt außerdem: »Deutsche Herbergsväter (weniger die -mütter) haben einigen Wandergenerationen beigebracht, daß die glatt gefaltete Decke, Kante auf Kante, Schriftzug ›Fußende‹ vom Kopfende her lesbar, die Grundlage menschlicher Existenz ist. Die heutigen Herbergsväter mühen sich redlich, von diesem Ruch preußischer Unteroffiziersmentalität wegzukommen. Der englische *warden* tritt für den Wanderer weniger in Erscheinung, versteht jedoch bei drei Dingen keinen Spaß: 1. Wenn die Fluchtwege nicht freigehalten werden (eine Lebensnotwendigkeit in den oftmals verwinkelten Gebäuden), 2. wenn der Wanderer nicht den vorgeschriebenen waschbaren (Leinen-) Schlafsack benutzt (mitbringen, beim DJH erhältlich, ansonsten muß er jeweils für teures Geld ausgeliehen werden!), 3. wenn der Wanderer seine *duties* (das sind die Aufgaben für die Gemeinschaft, also Fußboden fegen oder Tische abwischen) nicht oder nicht ordentlich erfüllt – der Herbergsausweis wird nicht eher herausgegeben, bis die Aufgabe zur Zufriedenheit des *warden* erledigt ist. Ich kenne allerdings noch einen weiteren Grund, weshalb ein *warden* seine Zurückhaltung aufgibt: wenn einer von diesen Ausländern versucht, das nach seiner Auffassung fürchterlich dreckige Innere einer Metall-Teekanne mit Scheuersand zu reinigen, wie ich es bei meiner allerersten *duty* in einer englischen Jugendherberge getan habe.«

Voraussetzung für die Benutzung englischer Jugendherbergen ist der Besitz eines Mitgliedsausweises des Deutschen Jugendherbergverbandes. Benutzer sollten wissen, daß die Jugendherbergen grundsätzlich zwischen 10 und 17 Uhr geschlossen bleiben. »Auch bei schlechtem Wetter«, wie unser Gewährsmann versichert. »Es ist ein äußerst grober Verstoß gegen die guten Sitten, Herbergseltern während dieser Zeit, in welcher Form auch immer, zu stören.«

Manche Jugendherbergen haben übrigens an einem Abend der Woche ebenfalls geschlossen, einige sind nur zu bestimmten Zeiten des Jahres geöffnet, was alles im alljährlich herausgegebenen *Handbook* (zu beziehen beim DJH oder bei YHA – England and Wales, Trevelyan House, 8 St. Stephen's Hill, St. Albans AL 1 2 DY) nachzulesen ist.

Wahrscheinlich werden die meisten meiner Leser keine Neigung verspüren, mit Detmar Grammel auf eine Rucksackfahrt zu gehen, vielleicht, weil sie sich zu alt dazu fühlen. Jedoch: Das Gästegemisch in den englischen Jugendherbergen scheint bunter zu sein als in unseren Breiten: »Die Gruppe etwa fünfzigjähriger Herren, leichter Bauchansatz, noch leichteres Gepäck, die mit den üblichen Rennrädern forsch vorfahren und später die Selbstkocherküche bevölkern, können die Kollegen vom Labour Club Wolverhampton sein, aber auch Führungskräfte der britischen Wirtschaft, die seit der gemeinsamen Studienzeit jedes Jahr eine solche Tour machen.«

Reisen sollten nur Gesunde. Wer das Pech hat, auf der Reise krank zu werden oder sich die Knochen zu brechen, ist in England besser und zugleich schlechter dran als in anderen Ländern, auch ein britisches Paradoxon. Der NHS (*National Health Service*) war ursprünglich kostenlos und schloß sogar Hausbesuche und Krankenhausaufenthalte ein. Kostenlos ist er heute nicht mehr, aber der eigene Beitrag, den man unmittelbar nach der Behandlung bei der Arzthelferin bezahlt, bleibt verglichen mit deutschen Rechnungen doch gering.

Vor allem in der Provinz arbeiten viele britische Ärzte nur für den NHS, andere haben auch Privatpatienten. Es gibt ferner Ärzte – hauptsächlich in London –, die nur privat behandeln und vielfach hohe Sätze haben.

Der Nachteil beim NHS besteht in überfüllten Wartezimmern und Krankenhäusern, für Operationen gibt es oft unmenschlich lange Wartezeiten. Ich selbst habe, freilich in einer Kleinstadt, vorzügliche Erfahrung mit der *National Health* (*thank you, Dr. Sell and Dr. Pardoe!*) und in den beiden Krankenhäusern in Truro und Penzance gemacht, die meine Frau und ich bislang von innen sahen. Dort herrschte eine Atmosphäre wie in privaten Kliniken. Da kann man allerdings Pech haben. Englische Faustregel: Warm anziehen, gut aufpassen und gesund bleiben!

Doppelfenster und Zugluft

Sollten Sie jemals nach Saltash kommen, kann ich Ihnen ein *guest-house* besonderer Art empfehlen. Saltash liegt gegenüber von Plymouth, auf der anderen Seite des Grenzflüßchens Tamar, der Devonshire von Cornwall trennt. Die Grenze verläuft in der Mitte jener gewaltigen Stahlbrücke, die der Ingenieur Isambard Kingdom Brunel 1859 errichtet hat und die heute noch von der Eisenbahn benutzt wird. Jenseits der Brücke erweitert sich der Tamar (Betonung auf der ersten Silbe) und wächst sich an seiner Mündung in den Ärmelkanal zu einer Art von Meerbusen aus, der neben einem Zivilhafen früher auch einem kompletten Kriegshafen Platz bot.

Was uns an Saltash – außer der Tatsache, daß es schon zu Cornwall gehört – besonders gefällt, ist eben jenes hübsche *guest-house*, von dem aus man einen weiten Blick über den Fluß und seine Ausbuchtungen hinweg bis hin zu den dunklen Hügeln des Dartmoor hat. Auf der Rückseite verläuft zwar die Hauptverkehrsstraße, die Devon mit Cornwall verbindet, zwei Grafschaften, die sich traditionell spinnefeind sind, aber einen, wie es scheint, enormen Güteraustausch miteinander unterhalten. Zum Glück besitzt unser *guest-house* Doppelfenster, von denen noch die Rede sein wird, und ein ständiges monotones Grollen, ganz leise im Hintergrund, wirkt auf mich wie ein Wiegenlied. Wir schlafen vortrefflich, meine Frau und ich, obwohl das von uns bevorzugte Zimmer nicht zum Tamar, sondern zur Hauptverkehrsstraße hin liegt.

Das *guest-house* hat eine weitere reizvolle Eigenschaft. Es ist, jedenfalls von innen, komplett vom Wirt persönlich erbaut – oder sagen wir besser: erbastelt – worden. Zunächst war mir noch etwas unbehaglich zumute, wenn ich bei jedem Schließen der Zimmertür die Klinke in der Hand behielt oder mir beim Öffnen der Schranktür diese, mitunter samt Schrankinhalt, entgegenfiel. Aber unser Wirt ist so stolz auf sein *do-it-yourself*, daß wir bald kein Wort mehr darüber verloren, wenn uns beim Betreten der Dusche der Duschvorhang von der Stange rutschte oder die Seife hoch oben auf dem Sicherungskasten abgelegt werden mußte, weil die Seifenschale als schiefe Ebene konstruiert worden war. Jedesmal, wenn wir dort absteigen, hat unser Wirt etwas Neues eingebaut, und nie erfüllt es seinen Zweck. Wir sind so gespannt auf seine Neuerungen, daß es uns im Traum nicht einfallen würde, irgendwo anders zu übernachten.

Der Mann hat sich kürzlich sogar seine eigenen *double-glazed windows* geschaffen, deren allgemeines Fehlen im zugigen England schon unter anderem von Schinkel und Fürst Pückler beklagt worden ist. Keine Doppelfenster zu dulden hat Tradition in England, und Traditionen werden in England, wie man weiß, nur ungern gebrochen. Um so höher muß man Mr. Hodge seine Aufgeschlossenheit den Neuerungen der Moderne gegenüber anrechnen. Die Fenster, enger als bei uns aneinanderliegend und natürlich zum Schieben konstruiert, sahen jedenfalls vortrefflich aus und erfüllten hörbar oder vielmehr nicht-hörbar sogar den Zweck des Lärmabhaltens.

Jedenfalls bis etwa Mitternacht, als meine Frau das Bedürfnis verspürte, eines der beiden Fenster zu öffnen. Trotz diverser Knöpfe und Schiebeverschlußöffnungen gelang es ihr nicht. Mit der stehenden Redewendung »Na, nun laß mal einen Erwachsenen ran« machte ich mich an die Arbeit.

Wer mit technischen Raffinessen zu tun hat, sollte sich vorher ein Bild davon machen, wie und in welcher Weise der Mechanismus funktioniert. Das war in diesem Fall und bei diesem Konstrukteur gewiß nicht einfach, aber mir wurde nach einiger intensiver Betrachtung des Systems doch klar, daß der untere Teil des inneren Fensters nach oben, der obere Teil des äußeren nach unten verschiebbar eingerichtet war, und zwar sozusagen im Gegenverkehr: das eine ließ sich nicht ohne das andere bewerkstelligen.

Also klappte ich folgerichtig den Schieberiegel des unteren Teils des inneren Fensters auf, schob den Rahmen hoch und griff mit der linken Hand durch die entstandene Öffnung, um nun den oberen Teil des äußeren Fensters hochzuschieben. Statt dessen rutschte jedoch der untere Teil des inneren Fensters wieder zurück und meine Hand fand sich samt Unterarm zwischen die beiden Scheiben gepreßt. Ich hätte gern aufgeschrien, denn es tat weh, aber meine männliche Würde gestattete keinen derartigen Schmerzenslaut. So versuchte ich, was nur aufgrund ungeheurer Dehnanstrengungen gelingen konnte, mit der anderen, der rechten Hand, durch einen Spalt über dem oberen Teil des inneren Fensters den oberen Teil des äußeren Fensters hochzuziehen – oder war es umgekehrt? Wie auch immer, der Selbstbau-Klapperatismus unseres Wirts ist schwer zu beschreiben. Tatsache war nur, daß ich auf diese oder jene Weise auch meine rechte Hand eingeklemmt hatte. Die eine weit unten, die andere Hand weit oben festgepreßt, verlor ich Fassung und Übersicht und mußte nun doch um Hilfe bitten.

Daraufhin kroch meine Frau von unten, auf allen vieren, an die Fenster heran – ich stand ja schließlich davor und konnte mich nicht bewegen! –, langte mit ihrer Hand durch das innere an das äußere Fenster, schob es hoch, ein ebenso jäher wie heftiger Schmerz durchzuckte sowohl meine rechte als auch meine linke Hand, die Fenster glitten aneinander vorbei und gaben meine beiden Arme beziehungsweise Hände frei. Sie waren nur leicht lädiert, ein bißchen abgeschürft die Haut.

»Jetzt mußt du mich befreien«, sagte in diesem Augenblick meine Frau, deren rechte Hand – wie kurz zuvor noch die meine – zwischen den beiden Scheiben eingeklemmt war.

Ich weiß nicht mehr, wie wir es am Ende geschafft haben, das Doppelfenster tatsächlich zu öffnen, ohne daß nicht wenigstens einer von uns mit irgendeiner Extremität in ihm verhakt blieb. Schließen ließ es sich nicht wieder. Geschlafen haben wir, wenn überhaupt, beim Donnern der Lastwagen und statt in reiner cornischer Luft in Auspuffgestank.

Am nächsten Morgen demonstrierte mir der Wirt auf unsere Bitte hin, wie seine Patentfenster zu öffnen sind. »Ganz einfach«, sagte er, »nur wenige Handgriffe, so – und so – und so!« Er vollzog diese Bewegungen mit der Sicherheit eines geübten Bastlers und hielt zu meinem

Vergnügen beide Fenster in der Hand, die er nur mühsam vor dem völligen Herausfallen bewahren konnte.

Insgeheim beschlossen wir, das nächstemal doch woanders zu wohnen, aber wir waren dann viel zu neugierig, welche Neuerungen sich unser Wirt wohl wieder ausgedacht haben mochte, und sind immer zurückgekommen.

Die netteste Inhaberin eines *guest-house* lernten wir in S. kennen, einer Stadt mit berühmter Kathedrale (wir waren – sehr nachahmenswert! – auf Kathedralentour). Kaum hatten wir unsere Koffer auf das Zimmer mit, wahrhaftig, Kathedralenblick geschleppt, als es leise und auf englische Art fast unhörbar an die Tür klopfte.

»Kommen Sie, kommen Sie – ich muß Sie meinen Lieblingen vorstellen!«

Ich dachte zunächst an Söhne oder Töchter des Hauses, vielleicht auch Enkel, die Dame mochte an die 70 Jahre zählen, aber sie führte uns in ihren hübsch gepflegten Rosengarten. Die große weiße Rose hieß Sally. »Sieh mal, Sally«, meinte unsere Wirtin, »sind das nicht reizende Leute? Sie kommen aus Deutschland, aus Berlin.« Zu meiner Frau gewandt: »Sie dürfen Sally ruhig begrüßen!«

Hallo, wisperte meine Frau nach einigem Zögern, *how are you, Sally?*

»Oh, fein«, antwortete an ihrer Statt unsere Lady, »das sieht man ihr doch gleich an. Und dies hier ist Babsy. Wollen Sie nicht ein paar Worte an Sie richten, Sir? Sie hat es so gern.«

Ich habe diese Erlebnisse etwas ausführlicher erzählt, weil ich sie für Grunderfahrungen halte, mit denen man in England im allgemeinen, in englischen *guest-houses* im besonderen konfrontiert zu werden pflegt. Ein bißchen Sinn für Skurrilität sollte schon besitzen, wer nach England fährt und es erkunden möchte. Das Land ist nichts für gänzlich Humorlose.

Über den englischen *sense of humour* sind schon dicke (und meist relativ humorlose) Bücher geschrieben worden, ohne daß sich eine allgemeingültige Definition daraus ergeben hätte. Gewiß, das berühmte *understatement*, die Unterbetonung gerade des Wichtigsten – etwa der Pointe –, spielt eine gewisse Rolle. Aber zum *understatement* gehört beim Engländer eine gehörige Portion von *overstatement*. Glauben Sie nicht alles, was Ihnen erzählt wird, besonders nicht alles von dem, was ein Engländer über sich selbst sagt. Er untertreibt gleichsam durch Übertreibung. Wo ein Deutscher am liebsten Witze über andere reißt – aufgepaßt: damit kommt man in England selten oder nie an! –, zieht der rechte Brite viel lieber sich selbst durch den Kakao, hat es allerdings nicht gern, wenn man diesen, bildlich gesprochen, auch noch einschlürft. Vor allem sollte man vermeiden, ins gleiche Horn zu blasen. Macht ein Engländer irgend etwas Englisches madig, und dazu neigt er, erwartet er – wenn auch leichten und leisen – Widerspruch.

Der typisch englische Humor ist überhaupt leise und läßt vieles in der Schwebe. Ein Beispiel aus dem Alltag, vor wenigen Wochen selbst erlebt.

Ich hatte eine Rechnung bei einem *cowboy* zu bezahlen. Ein *cowboy* ist ein freier Handwerker. Er besitzt keinen Laden, keine Werkstatt, keinen Betrieb, keine Angestellten und berechnet außer Materialkosten zum Selbstkostenpreis nur einen festen Stundenlohn. Da seine Unkosten gering und in England die übelteuerten Gebühren deutscher Schlosser, Tischler, Klempner für »Anfahrt« unbekannt sind, unterbietet er spielend alle größeren Firmen. Es handelt sich keineswegs um Schwarzarbeiter (wie bei uns, wenn man die gewöhnlich ungewöhnlich hohen Ausgaben für Handwerker vermeiden will), sondern um durchaus legale Angebote unabhängiger Kräfte, die selbst den gewitzten Gewerkschaften ein Schnippchen schlagen. Ich wüßte nicht, wie ich ohne *cowboys* mein Haus hätte herrichten können.

Die Schwierigkeit begann, als ich für einen von ihnen den Scheck ausschreiben wollte und feststellte, daß ich seinen Namen nicht wußte. Während der Arbeit hatte er darauf bestanden, von mir mit seinem Vornamen angeredet zu werden, und mich selbst als *M'Lord* oder *Guv'ner* tituliert, welch letzteres unserem »Chef« entspricht. Die Rechnung (*bill*) bestand aus einem nicht sehr akkurat aus einem Schulheft gerissenen Zettel und trug keinerlei Absender. Also begab ich mich zu meinem Freund Keith, der von Beruf Gastwirt und daher für alle kniffligen gesellschaftlichen und sonstigen Fragen zuständig ist.

Leider war ihm der Mensch völlig unbekannt, aber er erbot sich, innerhalb von zehn Minuten den Namen festzustellen. »Ich gehe ganz einfach zu ihm«, meinte er, denn die Adresse konnte ich ihm nennen.

Mit einem mir bis dahin unbekannten Hotelgast blieb ich zurück und schloß mit diesem eine Wette ab – um ein Glas Bitter –, ob Keith sein Versprechen wahrmachen könne oder nicht. Ich setzte volles Vertrauen in ihn; der fremde Gast, der sich als Tom vorstellte, war gegenteiliger Meinung.

Als Keith nach zwanzig Minuten wieder in die *lounge* trat, sah er verlegen aus.

»Er heißt Harry«, erklärte er bedauernd und achselzuckend.

Das sei mir, wie ich vielleicht ein wenig bitter-deutsch versetzte, allerdings bekannt gewesen.

Aber es gibt in England tatsächlich kaum eine Möglichkeit in dieser Hinsicht. »Er begrüßte mich mit dem Vornamen«, sagte Keith entschuldigend, »also habe ich mich ein bißchen mit ihm unterhalten, konnte ihn aber natürlich nicht nach seinem Nachnamen fragen.«

Da auch Namensschilder an der Tür unüblich sind, dafür fast jedes Haus eine eigene, oft blumige Bezeichnung trägt – *Heather Bell Cottage* oder *Seven Oaks*, auch wenn weit und breit weder Heidekraut noch sieben Eichen zu sehen sind –, mußten wir es bei Harry belassen.

»*Good old Harry!*« versetzte mein neuer Freund, »geben wir uns damit zufrieden. Wir Engländer sind schon ein merkwürdiges Volk. Aber ...« Ihm schien etwas einzufallen, und dann sprach er es aus: »... wir finden auch immer einen Ausweg. Weißt du was, Heinz? Du schreibst deinen Scheck auf *good old Harry* aus!«

So geschah es. Ich überreichte ihn am nächsten Tag meinem *cowboy*, der ihn ohne Wimpernzucken in Empfang nahm, und er wurde auch ohne weiteres eingelöst.

Etwas später fiel mir ein, daß ich ja noch Wettschulden hatte. Der Hotelgast war bereits abgefahren. »Aber«, versprach Keith, »wir haben seine Adresse, und du kannst ihm das Geld für ein Bitter überweisen. Er hat sich vor der Abreise noch ins Gästebuch eingetragen!«

Was stand da? Das Datum der Ankunft und der Abeise und dann: Tom. Nichts weiter.

Für einen *joke* im Sinne englischen Humors läßt ein echter Brite sogar seinen Wettgewinn sausen.

Ebenso elegant verstehen es die Engländer, sich humorvoll und daher mehr oder weniger unverletzend die Meinung zu sagen.

Der englische Richter wird, wie man wissen muß, mit *M'Lord* angesprochen, nicht, wie auf deutschen Bühnen häufig der Fall, mit *My Lord*. Den nachfolgenden Dialog, der tatsächlich vor einem englischen Gericht stattgefunden haben soll, halte ich für ein typisches Beispiel englischen Humors.

Verteidiger: »Ich muß zur Entschuldigung des Angeklagten anführen, daß er zur Tatzeit betrunken war wie ein Richter.«

Richter: »Ich bin der Meinung, die Redensart lautet: betrunken wie ein Lord!«

Verteidiger: »Tut mir leid, *M'Lord*.«

Wer den Witz in diesem Wortspiel nicht versteht (erklären läßt er sich nicht), dem dürfte der englische *sense of humour* ewig ein Buch mit sieben Siegeln bleiben.

Bei einem Prozeß wurde einst der Maler James A. Whistler als Sachverständiger geladen. Der Richter fragte ihn: »Herr Sachverständiger, wären Sie in der Lage, den Geschworenen zu erklären, was Kunst ist?«

Whistler klemmte sich das Monokel ins Auge, fixierte die Geschworenen, jeden einzeln, der Reihe nach und antwortete dann: *No, M'Lord*.

England ist also nichts für gänzlich Humorlose – und eigentlich auch nichts für Erkältungsgefährdete, zu denen ich allerdings mich selbst zählen darf. Ganz schwarz schilderte es bereits 1827 besagter Fürst Pückler, der in die deutsche Unsterblichkeit leider nur als Schöpfer der unsäglichen Eistorte eingegangen ist. Er war einer der besten deutschen Reiseschriftsteller seiner Zeit, geschult an seinem Freund Heinrich Heine, und ich kann versichern, daß die folgenden Zeilen durchaus auch heute hätten geschrieben werden können:

»Wenn die Leute in England so oft an Erkältungen und Schwindsucht sterben, so liegt es noch mehr an ihren Gewohnheiten als an dem Klima. Spaziergänge auf dem nassen Rasen sind die beliebtesten, und in jedem öffentlichen Zimmer sind beständig mehrere Fenster offen, so daß man es vor Zug kaum aushalten kann. Auch wenn sie zugemacht sind, pfeift der Wind doch hindurch, denn selten sind sie dicht und nie doppelt.«

Die Engländer, Schotten und Waliser sind abgehärteter und weitaus weniger verpimpelt als wir Deutschen. Sie gehen bei plus fünfzehn Grad Celsius ins Wasser, als handelte es sich ums warme Mittelmeer, speisen seelenruhig mitten im Winter, wenn es draußen zu schneien droht, in ungeheizten Lokalen (Elektroöfchen auf Wunsch) und geben sich selbst bei Windstärke acht in einer ungeschützten Burgruine hoch über dem Meer ihrer Lieblingsfreizeitbeschäftigung, dem Picknicken, hin. Seltsamerweise hilft einem da der Genius loci, der eigene Sport- und Anpassungsgeist, eventuell auch die bis vor kurzem alleingültige Temperaturskala, die nach Fahrenheit rechnete. Es mag ein Unterschied sein, ob man bei 15 Grad (Celsius) ins Wasser steigt oder bei 59 (Fahrenheit): 59 Grad klingt allemal wärmer. Aber da sich *centigrades* einzubürgern beginnen, wird dieser illusionäre Effekt hinfällig. Um so mehr, als Zugluft, zumindest was mich betrifft, bei 32 Grad Fahrenheit ebenso unangenehm ist wie bei null Grad Celsius, was ein und dieselbe Temperatur bedeutet.

Ich bin in Deutschland extrem zugempfindlich; in manchen Restaurants ziehen wir, zur Verzweiflung meiner Frau, mehrere Male um, ehe wir ein mir genehmes Plätzchen gefunden haben. Eines aber ist sicher: Der stete Hauch aus den Düsen einer Klimaanlage in einem ansonsten überheizten Raum ist gefährlicher als die natürliche und permanente Zugluft im schwach geheizten England. Wenn Sie mit den an und für sich friedlichen Engländern Streit haben wollen, schließen Sie nur im Bus das Fenster, durch das Ihnen die frische Kaltluft von draußen direkt ins Gesicht bläst! *Fresh air* ist dem Engländer heilig, und als ich in Cornwall beim Verlassen eines Ladengeschäfts bei plus zehn Grad Celsius die Tür hinter mir schließen wollte, bat mich die Ladenbesitzerin: *Oh, leave the door open and let the warmth come in.*

Wie mir ist es aber schon vielen gegangen: zwei Tage in England, dann hat man sich daran gewöhnt. Da stört es mich manchmal sogar, in derart stickigen und ungelüfteten Zimmern zu sitzen, wie ich sie in Deutschland vorziehe. Nie vergessen werde ich das Gesicht jenes älteren Herrn aus deutschen Landen, der mit seiner Frau ein Café gegenüber der Victoria Station betrat. Die beiden setzten sich an den Nachbartisch, und die Frau fragte, offensichtlich ehrlich besorgt: »Es zieht hier doch nicht etwa wieder?«; in Großbritannien eine sehr dumme Frage. Er sah unter seinem verknautschten Hut unglücklich und verzweifelt aus, schüttelte jedoch resigniert den Kopf. Sie schien extrem unempfindlich, denn es zog tatsächlich in diesem Lokal wie Hechtsuppe.

Darauf, daß ich das erst in diesem Augenblick überhaupt bemerkte, war ich nicht wenig stolz. Nur meine Frau sah mich lange mit hochgezogenen Augenbrauen an, des einen Satzes wegen, den wir von unseren Landsleuten aufgeschnappt hatten.

Ins Unabänderliche, zu dem in England stets auch etwas Zugluft gehört, muß man sich fügen.

Größe und Grenzen der englischen Küche – mit einem Exkurs über die Betten

Die englische Küche hat für kontinentalen Geschmack ihre Härten«, erklärt Rudolf Walter Leonhardt in seinem *Panorama*-Buch *77mal England*. »Jeder Versuch, das zu beschönigen, wäre eine böse Irreführung aller derjenigen, die zum ersten Male nach England fahren wollen.« Er führt auch an, woran das liegt, an der Tradition nämlich, die noch aus dem Mittelalter stamme: »Alles Zusammengemixte, -gemischte, -gekochte wird verabscheut. Es gibt daher keine Kunst der Sauce. Gemüse kommt in fast rohem Zustand, so eben mit Wasser überbrüht, auf den Tisch. Fleisch erscheint nicht scheibchenweise, sondern nach Möglichkeit als ganzes Tier – wobei man allerdings bei Größenordnungen vom Schwein aufwärts Kompromisse macht und sich mit einem identifizierbaren Teil des Tieres begnügt. Feierliche Pflicht des Hausherrn ist dann vor Beginn der Mahlzeit das Schneiden und Zerlegen.«

In Hotels und Restaurants übernimmt oft der *chef* diese Aufgabe. Man begibt sich mit seinem Teller zu ihm, dem meist durch eine weiße Schürze und eine hohe Mütze Gekennzeichneten, und läßt sich sein Teil vom Roastbeef oder Spanferkel abschneiden. Nennen Sie in England nie den Leiter eines Betriebes *chef*. Diese Bezeichnung ist einem Küchenchef vorbehalten, man nennt aber auch die Unterköche so, wie wir bei uns jeden Kellner »Herr Ober« rufen. Ein Chef in unserem Sinne ist ein *chief, head, boss* oder, umgangssprachlich, ein *governor* (was etwa unserem Chef entspricht).

»Da steige ich eben auf Salate um«, entgegnete mir ein vegetarischer, leicht alternativer Freund, als ich ihn auf gewisse Schwierigkeiten aufmerksam machte, auf die er bei seiner ersten Englandreise stoßen würde, obwohl es inzwischen für Selbstversorger ganz gewiß genug *health food*-Läden gibt, die unseren Reformhäusern und Alternativgeschäften entsprechen. Aber aufgepaßt bei Salaten! Salat ist drüben etwas ganz anderes als bei uns, nämlich eine volle Mahlzeit auf der Grundlage von Schinken, Thunfisch, Eiern, Käse, Rindfleisch oder einer Makrele, dazu mit Pickles, etwas Kartoffelsalat, Gurkenscheiben und ein paar Salatblättern als Garnierung. Was wir Salat (als Beilage gereicht) nennen, heißt jedenfalls *side salad*; wie auch Gemüse, das man extra bestellen kann, als *side vegetable* auf der Speisekarte (*menu card*) erscheint.

Es sind ja überhaupt die kleinen Dinge, über die man am ehesten stolpert. Jedes Land, jedes Volk besitzt Eigenheiten, durch die es sich von anderen unterscheidet. So hat es eine Weile gedauert, ehe meine Frau und ich zwischen *twin beds* und *double beds* zu unterscheiden lernten. *Twin beds*, also Zwillingsbetten, sind zwei getrennte Betten mit jeweils eigenem Bettzeug nebst Decken; *double beds* bestehen aus einem großen französischen Bett mit gemeinsamer Decke, sind also gerade das, was wir nicht als Doppelbett bezeichnen. Da sich die kontinentale Daunendecke in Großbritannien bislang nur in den internationalen – sprich: amerikanischen – Hotels durchsetzen konnte, ist das Schlafen in *double beds* zumindest für Ungeübte mühsam. Traditionelle englische Betten sind unpraktisch, aber zugsicher und für alle Jahreszeiten veränderbar eingerichtet. Sie bestehen aus mehreren Lagen unterschiedlich dicker Decken, darunter meist einer sehr rutschigen aus Chintz oder Charmeuse (die mich immer an einen altmodischen Damenunterrock erinnert), alles durch ein Überschlaglaken zusammengehalten, dafür aber an beiden Bettkanten unter die Matratze geschoben oder gestopft. Dadurch entsteht eine Art Schlafsack, in den man von oben hineinschlüpfen muß, was schon einem einzelnen Schläfer Schwierigkeiten bereitet. Um wieviel größer sind sie erst, wenn zwei Personen im selben Moment dieses Kunststück meistern wollen! Gerät bei unruhigem Schlaf die Chose ins Rutschen, kämpft man die ganze Nacht lang mit den diversen Decken, und aus Schlafpartnern werden Schlafgegner, die sich gegenseitig die wärmende Umhüllung wegzuziehen trachten. Warm hat man es schon, in solch einem traditionell bezogenen englischen Bett, und man ist, solange die Verpackung hält, wenigstens die Nacht über der ewigen Zugluft enthoben, aber so richtig einrichten kann sich ein an kontinentale Feder- oder Daunendecken gewöhnter Mensch in diesem Mehrdeckensystem wohl nie. Es erinnert alles an eine Koje auf einem Segelschiff, ist sicher auch dem Ursprung nach maritim, wie bei einer seefahrenden Nation zu erwarten.

Zurück zum Essen, wovon in diesem Kapitel ja eigentlich die Rede sein sollte. Oscar Wilde hat gesagt, wer in England gut essen wolle, der müsse dreimal am Tage frühstücken. Tatsächlich bildete und bildet wohl immer noch das Frühstück, das *full English breakfast*, eine der Hauptmahlzeiten, und zwar die gepflegteste, am liebevollsten zubereitete, umfangreichste. Diese Aussage gilt vor allem noch für die Provinz. Je näher man in den Bannkreis Londons gerät, desto öfter muß man mit dem *continental breakfast*, also Brot, Butter, Marmelade, vorliebnehmen; oder das *full English* mit Cornflakes (noch besser: Porridge), Eiern, Speck, Würstchen, häufig sogar *kippers* (gebratenen Heringen) ist unerschwinglich teuer angesetzt.

Nun zur Marmelade, die auch zum *full English breakfast* – und zwar zum Toast – gehört: Unter *marmelade* versteht man in England nur solche aus Zitrusfrüchten. Alle anderen Konfitüren heißen *jam*. Es gilt übrigens als stillos, zum Frühstück *jam* und nicht *marmelade* zu servieren. Eine Sitte, die, wie so manches, auszusterben drohte, findet in letzter Zeit allerdings erneut Verbreitung: Man konnte und kann heute wieder ein Frühstück den ganzen Tag über bis abends bestellen, ohne daß jemand indigniert die Augenbrauen hochzieht. Oscar Wilde läßt sich also ohne weiteres beim Wort nehmen.

Berühmt ist seit alters das *full English breakfast*, das morgens in den Speisewagen der Eisenbahn serviert wird. Da seine Zusammenstellung zeitaufwendig ist und ein hohes Maß an Dienstleistung verlangt, die bekanntlich immer seltener und darum teurer wird, hat man versucht, es durch ein kontinentales Frühstück zu ersetzen. Der Aufschrei der Empörung – die Leserbriefseiten der *Times* und anderer Zeitungen waren voll davon – übertraf jedoch alle Erwartungen und Befürchtungen, so daß man Abstand nahm von einem derartigen Traditionsbruch.

Das erste Frühstück ist heilig, das zweite eilig. Die stillschweigende Ernsthaftigkeit des ersten Frühstücks hat zwar erheblich gelitten, seit im Fernsehen (TV), *telly* genannt, ein eigenes Frühstücksprogramm entwickelt worden ist; eine Unsitte, die sich leider auch bei uns zulande durchgesetzt hat. Vielleicht konnte es aber gerade dort, wo man das Frühstück eben als Hauptmahlzeit empfindet, ein solch unvermuteter Erfolg werden. Ich bin schon in Hotels abgestiegen, in denen die Tische derart angeordnet waren, daß der Blick auf die Mattscheibe stets gewährleistet blieb, ob man sich mit Rührei bediente oder am Tisch *buttered toast* genoß (eine Köstlichkeit für sich!).

Brot ist in England grundsätzlich weiß. Man wird zwar in Läden oder Imbißstuben gefragt, ob man *white or brown toast* wünsche, aber auch der braune Toast entspricht nicht unserem dunklen oder schwarzen Brot. Der deutschen Vorliebe für herzhafte Vollkornbrote kann der Engländer überhaupt keinen Geschmack abgewinnen. Pumpernickel gilt als echtes Kuriosum, und als die Töchter von Bob und Brigitte – er Engländer, sie Deutsche – von den Großeltern mütterlicherseits aus Westfalen zurückkamen, stellte sich heraus, daß ihre größte Sehnsucht weniger der Mutter, als vielmehr *Mother's Pride* (Mutters Stolz) gegolten hatte, einer bevorzugten schneeweißen Brotsorte.

Diese schmeckt deutschen Zungen zunächst etwas lappig oder klitschig, aber im Laufe der Zeit gewinnt man Geschmack daran und kann geradezu süchtig danach werden. Das mag damit zusammenhängen, daß die Engländer – wir werden noch darauf zurückkommen – hervorragende *sandwiches* zuzubereiten verstehen, die mit unseren Butterbroten (als welche sie übersetzt zu werden pflegen) wenig oder nichts zu tun haben. Wer in einem englischen Roman liest, jemand belege sich ein Butterbrot mit Gurken, ahnt nicht, welch eine Delikatesse solch ein *cucumber sandwich* mit Butter, Gurkenscheibe und Sardellenpaste darstellen kann.

Doch zum zweiten Frühstück. Was früher die freilich auch heute noch beliebte und jederzeit genossene *cup of tea* bedeutete, stellt heute die gegen elf Uhr vormittags eingeschobene Tasse Kaffee dar. Auf sie verzichtet kein Angestellter, kein Handwerker, und es mag für uns ein ungewohnter Anblick sein, auf dem Gerüst die Bauarbeiter statt mit einer Flasche Bier in der Faust mit einem dampfenden Täßchen Tee oder Kaffee sitzen zu sehen. Cafés, Imbißhallen, Restaurants, sogar die Hotels bieten, wie ausdrücklich betont wird, *freshly brewed* (frisch gebrühten) Kaffee in den späten Morgenstunden an. Obwohl der Kaffee, wie gesagt, meist kontinentalen Erwartungen nicht entspricht, ziehen liebliche Düfte verlockend durch Straßen und ganze Ortschaften. Der Engländer hat zwar kein Wort für unsere »Gemütlichkeit«, aber er schafft sie sich mitunter sogar dort, wo er es eilig hat.

Das Mittagessen heißt nur noch selten *dinner*, die Zeiten von Galsworthys *Forsyte Saga* sind vorbei. Man nimmt einen *lunch* ein oder, etwas vornehmer ausgedrückt, ein *luncheon*. Das ist wenig mehr als ein Imbiß, zu dem eine Tasse *Bovril* zu empfehlen ist, jene tiefbraune englische Fleischbrühe, die nach den Maggiwürfeln von Anno dazumal schmeckt und – wenigstens bei mir – nostalgische Erinnerungen wachruft.

Die Nachmittagsmahlzeit heißt *tea* und wird, obwohl

man sie auf dem Kontinent meist als *five o'clock tea* bezeichnet, gegen 16 Uhr eingenommen. Da werden entweder *buttered toasts* oder *biscuits* gereicht (nennen Sie Kekse nie *cookies*, so heißen sie nämlich nur in den Vereinigten Staaten). Besonders im Süden Englands kennt man die Abart des *cream tea*, die ursprünglich aus Dorset stammen soll, aber längst auch in anderen Grafschaften heimisch geworden ist.

Zu einem *cream tea* gehören eine Kanne mit heißem, frisch aufgebrühtem Tee, möglichst nicht von Beuteln, sondern *from leaves*, von Blättern, zwei *scones*, runde, süße Rosinenbrötchen, der Teig meist safrangelb gefärbt, die übrigens auch nur mit Butter bestrichen wie Kuchen schmecken, ein Schälchen *jam* (keine *marmelade*) sowie ein Schälchen *clotted cream*, die auch nach der jeweiligen Grafschaft heißen kann, in der man sich befindet (in Dorset etwa: *Dorset cream*, in Devonshire: *Devonshire cream*). *Clotted cream* ist sehr dick geschlagene Sahne, die aus erhitzter Milch gewonnen wird und sich wie Butter streichen läßt. Trotzdem sollte man, den Gebräuchen des Landes gemäß, auf die Hälften der *scones* zunächst die rote *jam* auftragen und dann diese mit der weißgelben *clotted cream* bedecken. Ein solcher *cream tea* ist eine Köstlichkeit, auch für Feinschmecker. Was mich betrifft, so bin ich allerdings danach nicht mehr in der Lage, am Abend etwas zu essen, im Gegenteil, es fällt mir noch am nächsten Morgen das Frühstücken schwer. Trotzdem wäre ein Südengland-Aufenthalt für mich nicht vollständig, könnte ich nicht hin und wieder jene herrlichen *scones* mit kalorienreicher Sahne genießen.

Auch im Norden gebräuchlich ist eine weitere Abwandlung des *tea*, der selbst dann so heißt, wenn, was vorkommt, Kaffee gereicht wird: der *high tea*. Er wird meist am Spätnachmittag zubereitet und ersetzt das Abendessen. *High tea* ist eine Mischung aus süßen und salzigen Beilagen. Sowohl Kuchen und Kekse gehören dazu als auch *chips*, Gemüse, Eier und sogar Fleisch. Früher pflegte jedes Hotel und Restaurant diese Mahlzeit auf speziell konstruierten Tafelaufsätzen zu servieren, deren drei oder vier Teller sich nach oben pyramidenförmig verjüngten. Auf dem Lande oder in Schottland sind noch heute diese praktischen Porzellan- oder Steingutpyramiden in Gebrauch, von denen man seine Auswahl trifft.

Mein Onkel, der über den Londoner Hauptbahnhof im Kino so gelacht hat, schwärmte für »Hai-tih«, und meine Tante besaß dann auch zwei von ihm mitgebrachte Platten dieser Art. Sie war todunglücklich, als sie ihr, beide auf einmal, zerbrachen. Es soll fortan keinen *high tea* mehr in Malente-Gremsmühlen gegeben haben, denn von einem gewöhnlichen Gedeck schmeckte meinem Onkel diese Mahlzeit nicht.

Das ist verständlich, und ich muß gestehen, es geht mir ebenso; übrigens auch meiner Frau, die von keinen derartigen Jugenderinnerungen belastet wird. Wir erlebten *high tea* in traditionellem Stil endlich einmal wieder in Callander, dem schottischen *Gate of the Highlands* bei Stirling. Woraufhin wir in Zukunft unsere Touren von Edinburgh aus immer so ausgerichtet haben, daß wir pünktlich zum *high tea* in Callander eintrafen.

Der Begriff *chips* ist gefallen. Er steht auch in unserer Sprache mit Kartoffeln in Verbindung, aber die englischen *chips* entsprechen nicht unserem dünnen und kalten Knabbergebäck, sondern dem, was wir auf gut französisch *pommes frites* nennen. Auf *chips* sind die Engländer versessen, und ich schätze, daß gut 90 Prozent aller Kartoffeln in Großbritannien in dieser Form genossen werden. Das ist unendlich schade, denn, glauben Sie mir, es gibt kaum anderswo würzigere und schmackhaftere Kartoffeln als dort. Bestellen Sie, wenn immer es geht, in den Gaststätten *boiled potatoes*! Sie werden es mir danken! Denn *chips* sind im nicht immer häufig genug erneuerten (auch wohl nicht allzu edlen) Fett gesotten, bis sie triefen und der natürliche Würzgeschmack dahin ist, eine reine Barbarei.

Zu *chips* gehört *fish*, denn was für uns das Würstchen, die Bulette oder Frikadelle, das ist in Großbritannien *fish and chips*: an Kiosken und Imbißstuben zum *take away* (Mitnehmen) erhältlich. Der filetierte Fisch wird in Teig gewendet und ausgebacken, bis er weder im Aussehen noch geschmacklich etwas mit dem ursprünglichen Meeresbewohner gemein hat, und die Kartoffeln werden in Öl oder Fett gebrutzelt, bis sie nicht mehr nach Kartoffeln schmecken. Beides wird zusammen in – wärmeisolierendes – Spezialpapier gewickelt, aus dem beim Dahinschlendern gegessen wird: Englands heißgeliebte Zwischenmahlzeit, ohne die kaum ein Brite existieren kann!

Es gibt übrigens auch unter Deutschen ausgesprochene *fish and chips*-Fans, zu denen ich bedingt auch gehöre. Manche Läden verstehen es, den frischen Fisch so sanft im Teig zu backen und die Kartoffeln derart knakkig zu erhalten, daß man die Vorliebe der Engländer für dieses ihr Volksgericht verstehen und billigen kann; eher die Ausnahme allerdings als die Regel. Sollten Sie Selbstversorger sein und womöglich in Küstennähe Ihren Urlaub verleben, so sei Ihnen empfohlen, frisch gefangenen

Fisch zu filetieren und ihn so zuzubereiten, wie englische Hausfrauen es zu tun pflegen; diese sieden ihn in der Pfanne mit Milch. Aufpassen! Schon nach zwei, drei Minuten beginnen Kabeljau, Dorsch oder Heilbutt zu zerfallen. Aber es gibt kaum ein edleres Fischgericht als das auf diese Art zubereitete. Und kochen Sie sich dazu ein paar englische Kartoffeln, auf denen Sie nur ein wenig gesalzene oder ungesalzene Butter zergehen lassen! Kein Luxusrestaurant der Welt bietet eine solche Gaumenfreude. Die üblichen Fischsorten sind *cod* (Kabeljau, Dorsch), *haddock* (Schellfisch), *plaice* (Scholle) und *sole* (Seezunge).

Damit wären wir am Abend angelangt, beim *supper*, das aber nur so heißt, wenn es sehr spät, etwa gegen 22 Uhr, meist nach einem Theater- oder Konzertbesuch, stattfindet (*late supper*). Sonst nennt man es *dinner*, und es wird längst nicht mehr im *dinner jacket* eingenommen; selbst von der alten Sitte des Umkleidens vor dem Abendessen ist man abgekommen. Sie stammte aus dem ländlichen England, wo auch der Lord wie ein Bauer aussah – was er übrigens häufig heute noch tut – und man in Arbeitskleidern schlecht zu Tisch gehen konnte. In vornehmen Hotels empfiehlt es sich aber nach wie vor, zum *dinner* nicht gerade im Freizeitdreß oder Hawaiihemd zu erscheinen, was immer noch als ungehörig betrachtet wird.

Unser Streifzug durch die englische Küche hat uns das *full English breakfast*, die *freshly cut sandwiches, cream tea* und in Milch gekochten Fisch mit Kartoffeln beschert, lauter ausgesprochene Köstlichkeiten. Woher also kommt der schlechte Ruf britischen Essens, wo liegt die Härte der englischen Küche?

Wir haben schon früher das fast rohe Gemüse angesprochen und müssen nun gestehen, daß auch das *roast beef*, das man sich vom *chef* holt, nicht immer hält, was es verspricht. Es erweist sich oft als zäh wie Kaugummi und wird durch den *Yorkshire pudding*, der, wenn man ehrlich ist, nach nichts schmeckt (und doch so schwer herzustellen ist), nicht eben aufgewertet. Bei *pudding* – aufgepaßt! – handelt es sich übrigens in England keineswegs um eine Süßspeise, auch nicht in Schottland, wo das dortige Lieblingszwischengericht *haggis* ebenfalls als *pudding* bezeichnet wird. Es sieht aus, schmeckt sogar ähnlich wie eine Leberwurst und besteht aus Herz, Lunge und Leber vom Schaf sowie Zwiebeln und Hafermehl, in Schafsmagen oder Schafsdarm verpackt. Ebenfalls angewärmt genossen wird eine Art von Blutwurst, die in ganz Großbritannien sehr beliebt ist: *black pudding*, vor der konventionelle Mitteleuropäer allerdings gewarnt seien.

Sie ahnen es inzwischen: Wie *salad* nicht Salat ist, so entspricht ein englischer *pudding* nicht unserem Pudding. Die süße Nachspeise, die wir mit diesem Wort zu bezeichnen pflegen, heißt *blancmange* oder *trifle*, was der englischen Einschätzung solcher zusätzlichen Magenbelastung entspricht, denn als *a trifle* bezeichnet wird auch jede andere Kleinig- oder Nichtigkeit.

Da wir mit dem Essen in den Tageskreislauf eingeschwenkt sind, hier ein kurzer Hinweis auf die Uhrzeit. Die Tageseinteilung in 24 Stunden hat sich in England mit wenigen Ausnahmen – etwa den Gezeitentafeln – nicht eingebürgert. Man rechnet nach wie vor von eins bis zwölf und setzt vor dem Mittag ein *am* (ante meridiem) hinter die Zahl, nach Mittag ein *pm* (post meridiem). Das bezieht sich auf den Meridian, der immer noch durch Greenwich (sprich: Grennitsch) verläuft, obwohl die exakte, auf die millionste Sekunde genaue astronomische Zeit zum Schmerz vieler Briten nicht mehr dort, sondern auf dem Festland gegenüber, in Frankreich, errechnet wird. Eine Theateraufführung, die um *8 pm* beginnt, fängt also um 20 Uhr an, ein Café, das um *8 am* Frühstück serviert, öffnet um acht Uhr morgens, was außerhalb Londons freilich ungewöhnlich ist. Englische Cafés lassen selten vor *10 am* Gäste ein.

Da man aber am Ende nicht den ganzen Tag frühstükken oder Fisch essen kann, fällt die Auswahl – allen aufgezählten Genüssen zum Trotz – mitunter schwer. Wer seinen Urlaub *self-catering* (als Selbstversorger) in gemieteter Wohnung verbringt, kann auf Gehacktes, das es bei jedem Fleischer gibt – es heißt: *minced meat* –, zurückgreifen. Wurst gibt es bestenfalls drei oder vier Sorten, und Käse wird stets am Stück verkauft, nur selten in Scheiben (im *sandwich* befindet er sich gerieben: *cheese and tomato* ist die beliebteste Mischung). Womit also den *carrier bag*, die Plastiktüte, füllen? Immerhin werden inzwischen nicht nur in den Supermärkten ausländische Importe angeboten: Spaghetti aus Italien, Salami aus Deutschland und Dänemark, Pâté aus Frankreich und Belgien. Aus England selbst empfehlenswert sind die Suppen, sogar die in Tüten, und vor allem jene Süßspeisen zum Dessert, die nicht nur aus Joghurt bestehen, sondern auch auf diesem basieren. Der berühmte *cheesecake*, insbesondere aber der bereits erwähnte *trifle* sind einzigartige Mitteldinge zwischen Pudding und Gebäck.

Wer sich mit der englischen Küche gar nicht zurechtfindet, der versuche es mal im *Health Food Shop*, einem britischen Gegenstück zu unserem Reformhaus. Von den alternativen Bach-Blüten bis hin zur vegetarischen Frikadelle findet hier selbst der Nicht-Alternative etwas Nahrhaftes, was gut tut oder doch wenigstens gut schmeckt.

Im übrigen finden sich inzwischen fast überall – nicht nur wie früher ausschließlich in London oder den großen Hafenstädten – indische, chinesische oder französische Restaurants; wenn also alle Stricke reißen und Sie *curry* nicht verabscheuen, gehen Sie zum nächsten Inder und bestellen sich eine *Mulligatawny soup*.

Da werden selbst hartgesottene Engländer sentimental. Unser Freund Keith: »Wenn ich Mulligatawny-Suppe esse, treten mir die Tränen in die Augen, des Currys wegen und der Erinnerung an das ganze Empire.«

Wohl bekomm's!

Und sprechen Sie *curry* nie wie im Deutschen »Körri« aus, sondern, wie es sich gehört: »Karri«!

Geliebtes Pub

Unvergeßlich dieser trübe Vormittag. Das Wetter konnte sich allem Anschein nach nicht zwischen gut und schlecht, regnerisch und trocken, sonnig oder verhangen entscheiden. Jetzt probierte es wechselweise alle Möglichkeiten aus. Eine derartige Unentschiedenheit ist typisch für England, wo sich, wie Fischer und Farmer seit alters verkünden, die Wetterlage erst um Mittag herum klärt. Dann breitet sich, kurz vor zwölf Uhr, Dunst aus, der aus irgendeinem Grunde dunstiger aussieht als auf dem Kontinent, wahrscheinlich ist er feuchtigkeitsgesättigter. Wie ein Vorhang, der sich jederzeit heben, aber alles auch weiter verhängen kann, legt er sich auf das Bild. Hebt er sich, kann man von hochgelegenen Aussichtsplätzen aus sehen, was alle großen englischen Landschaftsmaler in Aquarell und Öl gemalt haben: jene fast kulissenhafte Staffelung englischer Landschaft, die nicht nur aus Vorder-, Mittel- und Hintergrund zu bestehen scheint, sondern aus vier, fünf, sechs oder noch mehr hintereinander angeordneten Flächen – wie bemalte Vorhänge.

Wir hatten B & B bei einer nicht allzu freundlichen Wirtin, die uns früh aus dem Haus getrieben hatte. Nun schlenderten wir ebenso lust- wie ziellos durch die Straßen. Ich weiß heute nicht einmal mehr, in welchem

Städtchen es sich zutrug; es hätte überall sein können, in ganz England, Schottland, Wales, inklusive Nordirland: Plötzlich bog ein Herr um die Ecke, dessen resolute Schritte ein bewußt und eilig angestrebtes Ziel erkennen ließen. Um die zweite Ecke kam, gleichfalls hastend, ein junges Pärchen, offensichtlich von einem ähnlichen Impuls angetrieben; hinter uns ertönten Schritte, die unvermittelt aus dem Nichts zu kommen schienen. Um uns herum tauchten plötzlich weitere Personen auf, alle bestrebt, irgendwo pünktlich zu erscheinen. Die Straße war mit einemmal von Eiligen belebt. Meine Frau sah erstaunt auf ihre Uhr und fragte: »Ist es schon elf?«

Es war Punkt elf: Beginn jener *licensed hours*, in denen allein *pubs* und *inns* Alkoholisches ausschenken durften. Lizenzstunden – sie waren in allen Grafschaften verschieden, dauerten aber meist von 11 bis 15 Uhr (*11 am – 3 pm*) und von 18 Uhr bis 23 Uhr (*6 pm – 11 pm*). Uns Deutschen, die wir gewohnt sind, den lieben langen Tag hindurch, wann immer wir wollen, unser Bier trinken und an jedem Kiosk ein Fläschchen Weinbrand oder Schnaps kaufen zu können, mochte das kurios anmuten. Um so mehr, als man in Großbritannien, einem Land, in dem grundsätzlich nichts so heiß gegessen wie es gekocht wird – etwa das Parken oder die Ladenschlußzeiten –, ausgerechnet bei diesen Lizenzstunden keinen Spaß verstand. Bei vielem mochte ein *bobby* ein Auge zudrücken oder nur eine Verwarnung aussprechen, nicht jedoch bei Vergewaltigung, Mord – und wenn ein Gast eine Minute nach Ablauf der Lizenzstunde noch ein Bier bestellte oder gar eines erhielt. Der Gast wurde erbarmungslos zur Kasse gebeten und dem Wirt, schlimmer noch, womöglich die Lizenz entzogen.

Die seltsamen Gebräuche beruhten zum einen auf der Vorliebe aller Engländer, nein: Briten!, für seltsame Bräuche, zum anderen hatten sie, wie vieles in England, einen historischen Hintergrund. Die Engländer – und wiederum: die Briten – haben seit jeher ein Alkoholproblem, und die Viktorianer waren vielleicht nicht schlecht beraten, wenn sie zumindest versuchten, dieses in gewissen Grenzen zu halten. Der Vorteil: Auf Englands Straßen sah man selten einen Betrunkenen. Abgesehen davon, daß Trunkenheit in der Öffentlichkeit als Vergehen betrachtet und demgemäß mit Geld- oder Haftstrafe belegt werden kann, erwiesen sich die *licensed hours* als viel zu kurz, um sich einen Vollrausch anzutrinken. Der Nachteil: Es wurde wahrscheinlich trotzdem mehr Alkohol geschluckt als unter normalen Umständen – wenn wir unsere deutsche Gewohnheit als normal betrachten wollen –, denn die Kürze der Zeit verleitete dazu, sich kräftiger einzugießen, als es Geldbeutel und Gesundheit guttaten.

Das ist vorbei. In den Pubs herrschen – ein Geschenk noch der Eisernen Lady, Margaret Thatcher – jetzt deutsche, wenn man so will, normale Sitten. Ein Pub darf heute den ganzen Tag geöffnet haben und hat es gewöhnlich auch. Die Chance wurde keineswegs von allen Wirten sofort aufgegriffen. Im Gegenteil: Die meisten hielten sich zunächst an die gewohnten Stunden, und tun es der Bequemlichkeit halber heute wieder.

Gerät ein Stein erst einmal ins Rollen, dann folgen ihm bald weitere Steine nach. Ein Pub ist heute etwas ganz anderes als vor dreißig, ja selbst vor zehn Jahren. Man mag das bedauern oder begrüßen – man kann sogar beides tun.

Das alte Pub war so etwas wie eine Reaktion auf die englischen Klassenunterschiede und damit die gesellschaftlichen Verhältnisse, die heute noch mehr vom Mit- und Gegeneinander der Klassen geprägt werden als in anderen Ländern.

Das Pub wird (und wurde) so geliebt, weil kaum, daß man es betritt, diese Unterschiede fortfallen. Was die Klassen betrifft, gilt das Pub als neutrales Land. Wer immer sich in den Lizenzstunden an der Theke, um die Stehtische oder wo sonst – wenn überhaupt – Platz war, drängt, ist gleichberechtigt. Wer will, kommt mit jedem in Kontakt. Mag es in England immer noch feine Sitte, ein Lebensideal sein: *cool* zu wirken, so kann man hier kräftig auf die Pauke hauen, sich zanken, pfeifen, singen, kurz, alles das sein, was einem jungen Engländer schon im Kinderwagen – *Don't shout!* – verboten wird, nämlich laut zu sein.

Kommt man im Pub mit jemandem ins Gespräch, stellt man sich mit dem Vornamen vor und duzt sich, jedenfalls solange man im Pub beieinandersitzt. Lädt man den neugewonnenen Freund zu einem Drink ein (*May I buy you a drink?*), was ihn freilich zur Gegenleistung verpflichtet, ist die Bekanntschaft besiegelt. Natürlich gilt die Sitte auch im umgekehrten Fall. Nehmen Sie eine überraschende Einladung zu einem Drink an, müssen Sie im Gegenzug einen spendieren, falls Sie nicht als hoffnungsloser Geizkragen dastehen wollen.

Es fiel schon einmal der Begriff, den es im Englischen nicht oder doch nur als Lehnwort gibt: Gemütlichkeit. Sie ist anderer Natur als bei uns, weniger idyllisch, kräftiger, urtümlicher, von Tabakrauch und Bierduft geschwängert, aber genauso gesellig: die Pubatmosphäre als englische Antwort auf unsere Gemütlichkeit. Und ihr zumindest ähnlich.

Gemütlicher ist das Pub neuer Art nicht geworden, wohl aber familiärer. Gehörten die Zeiten, da sich Frauen nur ausnahmsweise im Pub sehen lassen konnten, ohnedies längst der Vergangenheit an – spätestens seit den Suffragetten Anfang des Jahrhunderts –, so dürfen jetzt sogar Kinder mit hinein. Zwar gab es schon früher Familienzimmer, in denen das möglich war, oder Spielzimmer, in denen man den Nachwuchs während der Lizenzstunden unterbringen konnte. Aber sonst war es beinahe ein Vergehen, Kinder beim Alkoholgenuß der Eltern – pfui Teufel! – zusehen zu lassen.

Familien- oder Kinderzimmer gibt es kaum mehr. Ebenso ist die Einteilung des Pub in mehrere Bars oder Salons zur Seltenheit geworden. Sie beruhte auf den bewußten Klassenunterschieden, die zwar an diesem Ort keine Rolle spielen sollten, denen man jedoch einen gewissen Freiraum zuordnen zu müssen glaubte. Den Fremden versetzte es immer in eine gewisse Verlegenheit, weil er nicht wissen konnte, ob er nun in der *Saloon Bar*, der *Private Bar* oder der *Public Bar* willkommen war.

Am meisten gewandelt haben sich die Pubs im Laufe der letzten Jahrzehnte im Hinblick auf ihre Küche. Hatte das Wort *Pub Food* früher ein nicht ganz unverdientes negatives Vorzeichen, so würde ich inzwischen jedem Englandreisenden dringend empfehlen, mal in einem Pub zu essen. Das echte englische Essen, deftig, aber nicht unsensibel, gibt es eigentlich nur noch dort. Und meist preiswerter als in Restaurants – mit der Ausnahme von Pizza Hut oder Burger King. Vielerorts sind die einst als halbe Lasterhöhlen geschmähten Pubs inzwischen zu Familiengaststätten mit gepflegter Küche aufgestiegen. Noch ist das Drumherum von jener ungewöhnlichen, stets etwas überladenen englischen Gemütlichkeit. Man bestellt das Essen wie die Drinks an der Theke. Mancherorts muß man beides gleich bezahlen, anderswo tragen Kellner oder Kellnerinnen Speisen und Getränke auf und kassieren – der Spielarten sind, wie auf der Insel üblich, unzählige. Es wäre auch unenglisch, wenn alles überall gleich wäre oder nur ähnlich. Was sich die Pubs bewahrt haben, ist ihre Individualität.

Das reicht bis ins Bierangebot. Dem deutschen Pils am ähnlichsten ist das *Lager*, das wenigstens gekühlt serviert wird und eine Andeutung von Schaumbildung aufweist. Die englischen Standardsorten *Stout* und *Bitter*, auch das schwere Dunkelbier *Guinness*, das übrigens aus Irland stammt, werden lauwarm und ohne jeden Schaum (der als absolut unfein gilt) ins Glas gefüllt. Wenn Sie nur *Beer* bestellen, bekommen Sie übrigens nie *Lager*, sondern waschechtes *Ale*, das in England nach wie vor eigentliche Bier, das Bier aller Biere! Damen, die sich nach meinen Erfahrungen schwerer an das englische Bier gewöhnen als Männer, sei *Shandy* empfohlen, ein apartes Mischgetränk aus Bier und Limonade.

Geblieben ist den Pubs die abendliche Schließungszeit. Nur wenige Nachtbars und in Großstädten Kabaretts haben eine Lizenz, die den Ausschank nach 23 Uhr (*11 pm*) übersteigt. Experten sehen hierzu den Hauptgrund für die Tatsache, daß Englands Rate an Alkoholtoten im Straßenverkehr so gering ist. Sie liegt um etwa die Hälfte niedriger als die deutsche und wird in Europa nur von der Norwegens unterboten.

Der Humorist Miles Kington hat versucht, die Kehrseite dieser Medaille aufzuzeigen, nämlich die ebenfalls unbestreitbare Tatsache, daß die Zahl der jährlichen Opfer von Herzkrankheiten oder Krebs in Großbritannien ungewöhnlich hoch ist. Er führt beides nur halb im Spott auf die Eßgewohnheiten des Durchschnittsengländers zurück: »Wir essen gewiß neuerdings Pizza, aber wir sind das einzige Volk der Welt, das Pizza mit Chips verzehrt.« Das macht dann etliche Promille wieder wett, setzt aber auch Fett an.

»Wir sind keine regulären Trinker«, lesen wir weiter, »wie die Franzosen oder Italiener, dafür überfällt uns die Sucht zum Trinken plötzlich, üblicherweise Freitag- oder Samstagabend. Wir trinken so, wie sich manche braune Soße auf das Essen schütten.«

Letzteres geschieht reichlich. *Daddies Brown Sauce* steht überall herum, wo es in England etwas zu essen gibt. Und gleich daneben steht der unvermeidliche Kunststoffbehälter mit *vinegar*, also Essig, den die Engländer keinesfalls missen mögen – sie schütten ihn sogar über die *fish & chips*. Genaugenommen handelt es sich bei diesem »Essig« gar nicht um das herkömmliche Produkt der Weintraube, sondern um Malzessig, meist sogar um Malzessigersatz. Er wurde im Krieg, als Wein und Essig knapp waren, erfunden und muß den Leuten so gut geschmeckt haben, daß er seither weiterproduziert wird. Ich rate Ihnen ab, das chemische Zeug auch nur vergleichsweise auszuprobieren. Bezeichnenderweise ist es Großbritannien trotz mehrerer Versuche bis heute nicht gelungen, das Gemisch als Essig in andere EU-Länder zu exportieren.

Die Deutschen reagieren ja schon allergisch, sobald das ihnen heilige Reinheitsgebot des deutschen Biers zur

Debatte steht, worüber wiederum jeder Engländer verständnislos den Kopf schüttelt. Die Geschmäcker sind tatsächlich von Volk zu Volk ungemein verschieden, so daß ein Europa – gottlob, sei hinzugefügt – wohl nie mit rein bürokratischen Mitteln oder Befehlen zustande kommen dürfte.

Für eine gewisse Nüchternheit sorgen in England nicht nur die frühen Schließungszeiten der Pubs (die allerdings schon unter politischen und gesellschaftlichen Beschuß geraten sind), sondern auch die gepfefferten Steuern auf die harten Alkoholika. Man hat da neben dem Wohl des Staatssäckels zweifellos jene Zustände unter König George IV. im Auge, wie sie William Hogarth in seinen Stichen und Igor Strawinsky in seiner Oper *The Rake's Progress* so eindringlich geschildert haben. Und vielleicht sogar jene Fußball-Hooligans, die im Ausland an Hochprozentigeres als Bier herankommen und zum Schrecken kontinentaler Hauptstädte geworden sind. Es sollen fast 70 Prozent der britischen Bevölkerung sein, die sich Getränke wie Gin (früher einer der populärsten *hard drinks*), Weinbrand, Cognac, Whisky (aus Schottland), Whiskey (aus Irland) oder auch nur Schnaps nicht mehr leisten können.

Sie scheinen darüber nicht übermäßig traurig, solange sie ihren Ärger mit Bier (lauwarm und ohne Schaum) herunterspülen können. Der Liebe zum Pub tun die hohen Schnapspreise keinen Abbruch.

So etwas wie Schwellenangst vor dem *Public House*, wie das Pub ja eigentlich heißt, ist beim Fremden nicht angebracht. Wer nie in einem Pub war, kennt England nicht. Ich halte den Besuch in einem Pub für ebenso wichtig wie die obligate Besichtigung des Towers von

London. Es kann durchaus sein, daß das Pub einem englisches Wesen überzeugender – und auf jeden Fall amüsanter – klarmacht als jede historische Stätte.

Die kleinen Zu- und Abneigungen

Mitten im Gewühl, im *hustle and bustle*, des kleinen Badeortes im Juli, stieß ich auf das Kind. Es weinte erbärmlich. Die Menschen, mit und ohne Kinder, schoben ungerührt vorbei. Niemand kümmerte sich um das Mädchen, das nicht älter als fünf Jahre sein konnte. Man sollte, dachte ich, in England nie im Juli oder August verreisen. Die einzelnen Grafschaften haben nicht, wie bei uns, gleitende Ferienzeiten. Im Juli und August machen alle Schulen, Colleges, Universitäten Ferien, da sind plötzlich die entlegensten Küstenstädtchen überlaufen und spielen Badeort.

Ich beugte mich zu dem weinenden Kind herab und fragte: *Now, what's the matter, dear?*

Es antwortete: »Ich habe meine Mami verloren!«, auf deutsch, mit trotz heftigen Schluchzens unverkennbarem Hamburger Akzent.

»Na, dann müssen wir sie eben suchen«, meinte ich und nahm die Kleine bei der Hand. Sie faßte rasch Vertrauen und plapperte, schon so gut wie getröstet, munter drauflos, gar nicht erstaunt, daß ich sie ohne weiteres verstand und sie mich.

Es dauerte nicht lange, da tauchte eine aufgeregte junge Frau auf, verzweifelt in der Menge suchend. Sie stürzte, als sie das Kind an meiner Hand bemerkte, auf uns zu und schien enttäuscht, daß das kleine Mädchen sie keineswegs überschwenglich begrüßte; es hatte sich bereits an mich gewöhnt.

Ich stellte mich vor, sie bedankte sich, das Kind ließ meine Hand nicht los.

»Ich habe nur mal versucht zu telefonieren«, erklärte mir die Dame aus Hamburg, »und Isabell läuft immer gleich weg. Ihr Vater wartet zu Hause auf Nachricht, wir haben Punkt zwölf Uhr abgemacht ...«

Obwohl um zwölf Uhr mittags in England keine Kirchenglocken läuten – einzige Ausnahme: die von St. Petroc's in Bodmin –, mußte es gerade gegen zwölf Uhr sein. Ein Blick auf meine Taschenuhr bestätigte es mir.

»Es ist zwölf«, sagte ich, »aber Sie vergessen die eine Stunde Zeitunterschied. Ihr Herr Gemahl wird schon ungeduldig sein. Drüben ist es bereits ein Uhr!«

»Um Himmels willen!« Die Mutter war ehrlich entsetzt. »Wo ist denn nur eine Post? Ich habe hier überall eine Post gesucht, konnte aber keine finden.«

»Was wollen Sie auf der Post, gnädige Frau?« fragte ich, zugegeben, etwas arrogant, zurück.

»Na, telefonieren!« kam die – von mir erwartete – Antwort.

Meine Überlegenheit wuchs. »In Großbritannien hat das Telefon nichts mit der Post zu tun.« Telekom war die erste private Gesellschaft, die seit einigen Jahren als AG funktioniert, ist aber heute nur eine von vielen konkurrierenden Telefongesellschaften. Aber es gibt doch noch die schönen alten roten Telefonzellen, auch wenn viele dem häßlichen Design gelber Kunststoffzellen weichen mußten. »Eine Zelle finden Sie an der nächsten Straßenecke, wenige Schritte die High Street hinauf, immer noch altmodisch rotglänzend.«

Die Dame bedankte sich, erhielt aber, ehe ich sie weiterziehen ließ, einen weiteren Ratschlag mit auf den Weg.

»Die Zellen haben übrigens Nummern. Sie sind deutlich sichtbar angebracht. In jeder Zelle können Sie sich anrufen lassen. Geben Sie Ihrem Herrn Gemahl die Nummer und machen Sie eine Zeit ab, zu der er Sie anläutet, möglichst spät am Abend, wenn das Fernsehen angefangen hat und wahrscheinlich kein anderer dort Anrufe erwartet. Aber kalkulieren Sie den Zeitunterschied ein, wenn Sie sich verabreden! Der Apparat schluckt bei Ferngesprächen nach Deutschland unglaublich rasch einen Fünfziger nach dem anderen, während es von Deutschland aus sehr viel billiger ist.«

Sie verabschiedete sich eher eilig als dankbar; das Kind winkte mir noch eine Weile nach. Das Sprichwort von den anderen Ländern, die andere Sitten haben, dachte ich, reicht wirklich bis in die kleinsten Kleinigkeiten. Und mir fiel ein Erlebnis ein, das genau in diesen Rahmen paßte.

Bei einem unserer Englandaufenthalte entschlossen wir uns, obwohl nur Mieter einer Ferienwohnung, eine Leselampe zu kaufen, denn die Beleuchtung in dem sonst sehr hübschen Apartment war mehr als duster. So erstanden wir eine, die uns gefiel, beim Elektriker in der Fore Street, bei dem ich heute noch kaufe, nicht zuletzt weil er den Namen meines Lieblingsmalers trägt: Turner.

Als wir nach Hause kamen und meine Frau den Karton auspackte, schrie sie laut auf. »Na, solch eine Unverschämtheit! Verkauft uns der Mensch eine kaputte Lampe!« Sie wies mir die Strippe vor, die vorne total ausgefasert war und keinen Stecker besaß.

Ehe wir wieder zurückstrebten in den Laden, machte meine Frau uns, typisch englisch, zur Beruhigung einen Tee, und während wir ihn tranken, schworen wir uns, so unterkühlt an die Geschichte heranzugehen, wie man es den Sitten und Gebräuchen dieses Landes zufolge tun sollte. In Deutschland hätte ich dem Ladeninhaber, der mir eine Lampe mit Schnur, aber ohne Stecker verkauft, ganz schön Bescheid gesagt, aber hier ...

Die englische Sprache ist für unbetont Betontes ungemein geeignet. Man kann die beleidigendsten Sachen so artikulieren, daß der Angesprochene sich noch bedanken muß. Wenn einem so schnell nichts mehr einfällt, wiederholt man das eben Gesagte noch einmal und hängt zum Abschluß ein »nicht wahr?«, »tatsächlich?« oder auch »gewiß doch« an, was sogar als besonders flüssig und geistreich gilt; man sollte es so oft wie möglich tun, auch dann, wenn einem schon wieder neue Gedanken gekommen sind. Wir bereiteten uns vor wie auf ein Referat über Jane Austen oder das Thema: »Wie sollte man sich als Deutscher in England benehmen?« Und wir benahmen uns tatsächlich formvollendet. Formvollendet blieb allerdings auch Mr. Turner, der überdies seine Augenbrauen viel besser in die Höhe zu ziehen versteht als ich, und das – Engländer haben dafür einen siebten Sinn – stets in den passenden Augenblicken.

Wörtlich übersetzt lautete der Dialog etwa wie folgt.

Meine Frau: »Mr. Turner, Sie haben uns soeben diese Lampe, die ich hier in meiner Hand halte, verkauft, nicht wahr?«

Mr. Turner: »Allerdings habe ich Sie Ihnen verkauft, das habe ich tatsächlich.«

Meine Frau: »Mr. Turner, an dieser Lampe fehlt, ich möchte sagen: ein sehr entscheidendes Stück, ohne das sie nutzlos ist, wirklich.«

Mr. Turner: »Ich sehe nicht, um welches Stück es sich handeln sollte, gnädige Frau, das sehe ich nicht.«

Meine Frau: »Mr. Turner, sehen Sie diese Schnur in meiner Hand, sehen Sie sie?«

Mr. Turner: »Aber gewiß doch, in der Tat, ich sehe sie, das tue ich gewiß.«

Ich: »Mr. Turner, wie sollen wir diese uns von Ihnen verkaufte Leselampe in den Steckkontakt bekommen, wie sollen wir?«

Mr. Turner: »Mit einem Stecker selbstredend, mit einem Stecker.«

Ich holte tief Luft, so erbost war ich über eine derartige Impertinenz, aber meine Frau stieß mich in die Rippen und stellte ihm die ausdruckslos betonte Frage: »Und warum, Mr. Turner, haben Sie uns den Stecker nicht mitgeliefert, warum haben Sie das nicht?«

Seine Antwort: »Nun, Sie haben ihn nicht verlangt, ganz gewiß nicht.«

Was uns damals noch unbekannt war: In England werden elektrische Apparate und dergleichen meist ohne Stecker verkauft. Jeder Elektriker wird ihn zwar – er kostet extra – gern und willig anbringen, aber die meisten Kunden tun das selbst; aus Sparsamkeit, weil sie eine ganze Sammlung davon – Relikte früherer Geräte – noch herumliegen haben. Der zweite Grund: In England existiert nicht wie bei uns ein vorgeschriebenes und amtlich erlaubtes Steckersystem, sondern es gibt – man möchte hinzufügen: natürlich – deren zwei. Wer also ein Gerät mit Stecker erwerben will, muß dazusagen, welches System daheim bei ihm vorhanden ist, was sich als nicht immer einfach herausstellt, denn manche Häuser weisen beide auf. Wir haben später, als wir eine eigene Wohnung besaßen, bei Mr. Turner noch so manches Elektrogerät gekauft, das er uns – immer ein bißchen lächelnd und stets mit hochgezogenen Augenbrauen – sofort mit dem für unser Domizil geeigneten Stecker versah. Er hatte unser System im jeweiligen Raum am Ende rascher parat als wir.

Mit der Lampe passierte uns übrigens noch ein weiteres Malheur oder Mißverständnis. Wir zogen mit ihr stolz nach Hause, steckten den nunmehr ja vorhandenen Stecker in die Steckdose – aber die Birne brannte nicht. Ich schraubte sie heraus beziehungsweise drückte und drehte sie aus der Fassung (Schraubfassungen waren damals noch seltener in England als Bajonettverschlüsse), schüttelte sie hin und her, sie war in Ordnung. Es mußte an der Steckdose liegen, die wohl schadhaft war. Da der Agent, der uns die Wohnung vermietet hatte, bereits, wie wir wußten, heimgefahren war und ein Wochenende bevorstand, beschlossen wir, uns wiederum an den bewährten Mr. Turner zu wenden. Er versprach, uns noch am Nachmittag jemand zu schicken, der auch kam, ein blutjunger Lehrling, dem ich schon von vornherein wenig zutraute. Ein Milchgesicht.

Aber kaum hatten wir ihm die Umstände erklärt, als er seinen Werkzeugkasten abstellte und kopfschüttelnd einen kleinen Knipser betätigte, der sich, von uns bisher übersehen, an der Steckdose befand. Neben dem Knipser erschien ein winziger roter Punkt, der Lehrling steckte den Stecker in die Dose, drückte auf den Knopf der Lampe – und siehe da: Sie brannte mit allen ihren 100 Watt (ich liebe helle Beleuchtung). Der junge Mann war ehrlich erstaunt und schien zu mutmaßen, daß wir ihn, kein Zweifel möglich, »auf die Schippe« hatten nehmen wollen. Meinen Beteuerungen, nicht gewußt zu haben, daß, wie er uns erklärte, ein jeder Stecker mit einer eigenen Sicherung und jede Steckdose mit einem eigenen An- und Ausknipser versehen sei, schenkte er offensichtlich wenig Glauben. Es fiel ihm schwer, sich vorzustellen, daß ausgerechnet die als so pingelig und pedantisch bekannten Deutschen dergleichen nicht kennen sollten.

Ich wollte ihm ein gutes Trinkgeld geben, welches er jedoch ausschlug. Dafür, daß er einen Schalter anknipst, nimmt ein englischer Elektriker nichts, schon gar nicht von einem Ausländer, der glatt behauptet, so etwas noch nie gehört und gesehen zu haben. Der junge Mann verließ uns auf höfliche Weise unfreundlich, was auch kein Volk besser versteht als das englische.

Wir haben inzwischen längst auch mit Turner jr. Frieden und Freundschaft geschlossen, und wenn in irgendeinem Hotel oder unserer eigenen Wohnung eine Lampe mal nicht funktioniert (oder der Herd, die Warmwasserheizung, der Schnellkochtopf oder der Toaster), sehen wir zuallererst nach, ob nicht die Sicherung schuld daran ist. In England lebt man, was die Elektrizität betrifft, abgesicherter als bei uns. Daß freilich viele Engländer in derartigen Fällen sich nicht an einen Elektriker wenden, sondern die Leitungen und Sicherungen eigenhändig legen, versetzen, flicken, verlängern, verkürzen, alles auf oft abenteuerlichste Weise, steht auf einem anderen Blatt.

Ist man uns also in Großbritannien auf diesem Sektor

um einiges voraus, so hinkt man in punkto Warmwasserversorgung entschieden hinterher. Mischbatterien finden sich selbst in Luxushotels selten. Wenn man sich nicht entweder die Hände verbrühen oder eiskalt waschen will – zudem sind Warm- und Kaltwasserhahn meist so dicht am Beckenrand angebracht, daß es unmöglich ist, die Hände darunterzuhalten –, muß man den Stöpsel in den Abfluß des Beckens stecken und die gewünschte Wassertemperatur durch den gleichzeitigen oder wechselseitigen Gebrauch beider Hähne herstellen.

Beim Waschbecken bedeutet diese Unvollkommenheit natürlich nur eine mäßige Unbequemlichkeit. Schlimmer gestaltet sich das Duschen, denn das heiße und kalte Wasser mischt sich erst im Duschkopf beziehungsweise: es mischt sich nur unvollkommen. Entweder man genießt ein wahres Wechselbad à la Sebastian Kneipp: mal eher heiß, dann wieder eher kalt, was stets unvorbereitet und in so jähen Übergängen geschieht, daß man nicht mehr ausweichen kann; oder mitten im eiskalten Wasserstrahl befindet sich ein brühheißer (natürlich auch umgekehrt möglich).

Ich weiß nicht, warum *mixer taps* so überaus unbeliebt sind in England. Als meine Frau für unser Waschbecken eine gewöhnliche Mischbatterie einbauen lassen wollte, weigerte sich der *plumber*. So etwas gäbe es nicht, versicherte er, davon habe er noch nie etwas gehört, und außerdem sei so etwas verboten. Das glaubten wir nicht, fuhren in die nahe Kreisstadt und trieben dort wahrhaftig eine Mischbatterie auf. Aber auch ein zweiter Klempner sah sich außerstande, sie anzubringen: diese Technik sei Unsinn, unpraktisch und fördere zudem übermäßigen Wasserverbrauch. Wenn wir durchaus wollten, in etwa zwei Wochen, *a fortnight*, habe er vielleicht einmal Zeit. Einer Nachbarin, der wir unser Leid beziehungsweise Unverständnis klagten, schlug (bildlich gesprochen) die Hände über dem Kopf zusammen, als sie ausrief: *Mixer taps? Oh, what a nuisance!*

Nun mag es wirklich gleichgültig sein, ob man sich unter fließendem oder in stehendem Wasser die Hände wäscht, aber *a nuisance*, ein Ärgernis, etwas Nachteiliges, Überflüssiges, in gewisser Weise sogar Anstößiges stellt eine Mischbatterie nun doch nicht dar. Zumindest nicht in meiner Anschauung. Es sind jedoch die kleinen Zu- und Abneigungen, die den Volkscharakter ausmachen. Es lassen sich gewiß ernstere Beispiele als dieses anführen, das wir hier, da es um die Praxis geht und nicht um Völkerpsychologie, herangezogen haben. Im Zweifelsfalle ist in England stets das Traditionelle, Althergebrachte das bessere, und man gibt ihm bedingungslos den Vorzug. *Different is worse*, lautet ein oft angewendetes Sprichwort in Umkehrung der obigen Reihenfolge: Anders ist immer auch schlechter.

Zweifellos enthält der Satz einige Weisheit und Wahrheit. Die alten Londoner Klapperbusse und die uralten U-Bahnwagen sind allemal praktischer und sogar bequemer als all die vielen neuen Modelle, die bei uns ständig eingeführt und nach ein paar Jahren wieder durch neue, aber selten bessere Typen ersetzt werden. Bewährtes besitzt in Großbritannien einen höheren Stellenwert als bei uns. Man will zudem einer Verschlimmbesserung aus dem Wege gehen, häufig zu Recht, und das sicher ebenfalls aus Erfahrung.

Trotzdem gibt es chronische Erneuerer genug im Lande der Erfinder. Vor einigen Jahren sollte es den roten Telefonzellen an den Kragen gehen, die weltweit geradezu als Synonym für alles Britische gelten. Im Rahmen der teilweisen Privatisierung von Post und Telefon (*Telecom*) wollte man die schönen knallroten, gußeisernen Zellen durch moderne, gesichtslose Kunststoffhäuschen mit abgedunkeltem Glas ersetzen. Schon fanden die alten Häuschen reißenden Absatz bei Gartenbesitzern und Andenkensammlern bis hin nach Amerika, als die meisten Gemeinden der *Telecom*-Gesellschaft einen Strich durch die Rechnung machten. Sie stellten die roten Kabinen unter Denkmalschutz.

Da sich also der sogenannte Fortschritt nicht aufhalten läßt, nicht einmal im konservativen Großbritannien, formiert sich in der Bevölkerung so etwas wie ein passiver Widerstand gegen viele Neuerungen. Ich erinnere noch die Empörung, als die ersten Pfundmünzen in den Verkehr gebracht wurden. Wir fanden es schwer, auch nur eine zu erwischen, die wir als Souvenir mit nach Deutschland nehmen wollten. Die Geschäftsleute boykottierten die neuen Geldstücke vorsätzlich, strichen sie ein, brachten sie zur Bank, aber zahlten den Kunden nur die guten, alten Pfundscheine aus, an die beide, Geschäftsleute wie Kunden, nun einmal gewöhnt waren. Tatsächlich erwies sich auch hier in gewisser Weise: *different is worse*. Die Münzen ließen sich leicht als Fünfpencestücke ausgeben, waren aber so schwer, daß sie, schon wenn sich zehn dieser Dickerchen in der Jackettasche angesammelt hatten, das Sakko geradezu schief zogen (Kleingeld wird in England nicht in Portemonnaies verstaut, sondern klimpert bei Männern lose in der Anzugtasche); zudem ließen und lassen sie sich nicht in Brieftaschen unterbringen. Der Boykott der Pfundmünzen konnte nur gebrochen werden, indem man staatlicherseits alle Scheine kurzerhand einzog.

Ihre Abneigung gegen jegliche Umstellung hat die Engländer noch nie davon abgehalten, jeweils das Beste aus den großen und kleinen Wandlungen zu machen, die die Zeit nun einmal mit sich bringt, ebenso gnädiger- wie bedauerlicherweise.

Es fällt ihnen nicht schwer, sich auf Neuerungen einzustellen, solange grundsätzlich alles unverändert bleibt. Und das bleibt es. Seit dem Ende des Zweiten Weltkrieges hat sich vieles geändert, mit dem Verlust des Empire ist auch das alte England rettungslos dahingegangen.

Aber noch gibt es das Königshaus, das für jene Kontinuität sorgt, die uns verlorengegangen ist. Gewiß, die Königin stellt nur noch ein Symbol dar, sie ist keine unumschränkte Herrscherin mehr, wie es Königin Viktoria war. Doch Symbole soll man nicht unterschätzen. Sie verbinden. Die Grundlage zur englischen Art der konstitutionellen Monarchie hat übrigens ein Deutscher gelegt, Prinz Albert, der Prinzgemahl eben jener Viktoria. Er war der erste, der die Monarchie über die Parteien stellte, und wenn heute die Königin anläßlich der Parlamentseröffnung das Regierungsprogramm verliest, so weiß jeder, daß sie nur einen Text vorträgt, den ihr jeweiliger Premierminister – oder ihre Premierministerin – aufgesetzt hat. Trotzdem: Von ihr verkündet, nehmen die Engländer das Programm ernster als aus dem Mund wechselnder Politiker. Das Königtum ist eine Konstante geworden, die vorbildlich bleibt für politische Neutralität, Heimatliebe, Sitten und Gebräuche, was bis zur Kleidung geht und zur Haartracht. Beides trägt jede zweite ältere Dame heutzutage wie die Queen, eine der ihren ähnliche Frisur wie auch Mäntel und Kleider, die diese bevorzugt. Die jüngeren weiblichen Generationen waren bis zum tragischen Tod der Prinzessin Diana ebenfalls von einem Mitglied der königlichen Familie beeinflußt. Aber es war nicht Diana allein, die so etwas wie einen frischen Wind ins Haus der Windsors gebracht hat. Man verwechsle nicht einen der von den in England besonders skrupellosen Boulevard-Blättern (*tabloids*) hochgepuschten Skandälchen mit dem nahen Ende der Monarchie. Auch nicht, wenn die Windsors auf die vagen Enthüllungen mancher alter und junger Plappermäuler der Familie – meist angeheirateter – etwas hektisch reagieren. Auch das gehört heutzutage zur *public relation.*

Die Windsors, die diesen Namen erst seit 1917 führen, doch in direkter Linie die von George I. begründete hannoversche Dynastie fortsetzen, haben aus etwas sehr Altmodischem, dem Königtum, etwas sehr Modernes zu machen verstanden. Dazu gehören freilich auch öffentliche Gesichtsverluste durch Scheidungen, Eifersüchteleien und Streite (wie sie in allen Familien vorkommen). Trotzdem ist die Königskrone der Garant dafür, daß im steten und unbequemen Wandel des Althergebrachten zum Wohle des Ganzen ein retardierendes Element erhalten bleibt. Die Monarchie ist ja zugleich ein Garant der Demokratie geworden: Gegensätze ziehen sich in England stärker an als sonstwo. Sie werden dabei klugerweise nie ganz auf einen Nenner gebracht. Wer könnte etwa ein demokratisches Argument für die erblichen Sitze im Oberhaus, dem *House of Lords*, vorbringen? Und doch würde die Demokratie in Großbritannien ohne ein retardierendes Oberhaus ebenfalls nicht so gut klappen, wie es der Fall ist. Was man an englischen Verhältnissen lernen kann, ist, daß man mit Purismus nicht weit kommt.

Das Telefon

Der Dame aus Hamburg habe ich im Kapitel über die kleinen Zu- und Abneigungen aus Zeitknappheit nur unvollkommen Auskunft gegeben. Ich müßte ihr heutzutage überhaupt keine mehr geben, denn sie besäße mittlerweile höchstwahrscheinlich ein Handy.

Benutzen Sie diese Vokabel weder in England noch in Schottland oder Irland! *Handy* heißt im Englischen nach wie vor: gewandt, handlich, bequem und leicht erreichbar, aber nicht Taschentelefon. Ein solches wird jenseits des Ärmelkanals *mobile phone* oder ganz einfach *mobile* genannt. Verwendet wird es genauso oft und überflüssig wie in unseren Breiten. Keine Fahrt, in der U-Bahn, oder dem Überlandbus, auf der nicht irgend jemand einem Freund oder Familienmitglied berichten würde, wo er sich im Augenblick befindet und ob es regnet oder die Sonne scheint.

Ich weiß nicht, wer das *mobile* erfunden hat, nehme aber an, daß es kein anderer als ein Engländer war, auf jeden Fall jemand, der mal in einer englischen Groß- oder Kleinstadt ein Telefon gesucht und gefunden hat. Man fand es, wie bereits erwähnt, in den noch nicht mobilen Zeiten keineswegs im Postamt, sondern an verkehrsreicheren Stätten wie Warenhäusern, U-Bahn-Stationen oder Marktplätzen und, wenn man Glück hatte, in den ebenfalls schon erwähnten roten Telefonhäuschen. Auch in ihnen konnte man des Erfolgs nicht unbedingt sicher sein, denn schon beim Abnehmen des Hörers erschreckte einen der grimmige Befehl: »*Wait for the rapid beeps!!*« Sobald die schnellen Töne ohrenbetäubender ertönten, mußte man die gewünschte Nummer wählen, durfte aber das erste Geldstück erst in den Schlitz werfen, wenn sich der Angerufene meldete. Das war insofern schwierig, als die damaligen englischen Münzen nur schwer und mit Brachialgewalt in das viel zu enge Einwurfloch zu zwängen waren. Da der Schlitz von Vandalen oder Scherzbolden häufig mit Streichhölzern oder Kaugummi verstopft war, hatte der Herr oder die Dame auf der anderen Seite längst wieder aufgehängt, ehe man die Prozeduren alle durchführen konnte. Schlimm genug, daß nur seine oder ihre wütenden *Hellos?* zu hören waren.

Damit ist es gottlob vorbei. Das britische Telefonnetz, obwohl oder weil privatisiert, funktioniert nach europäischem Standard. Man nimmt den Hörer ab, wirft ein Geldstück ein und wählt die gewünschte Nummer. Es gibt auch Telefonkarten, die es sogar an einem von Mitteleuropäern gewohnten Ort zu kaufen gibt, nämlich im Postamt.

Die Lieben daheim erreichen Sie über das Länderkennzeichen 0049. Es folgt die Vorwahlnummer des gewünschten Ortes, bei dem Sie allerdings die erste Null weglassen müssen, und dann die private Telefonnummer, wobei dann bis zu 15 Ziffern zusammenkommen. Noch mehr werden es, wenn Sie eine der kleinen Telefonfirmen benutzen, die in England ganz wie in Deutschland neuerdings die Leitungen der übermächtigen Telecom-Gesellschaft mitbenutzen dürfen. Sie sind billiger, machen aber die Ziffernkolonne noch länger. Ein Wunder, daß man immer – oft von den abgelegensten Zellen – sein Ziel erreicht.

Nach welchem Modus man allerdings früher die roten und heute die bräunlich-kunststoffligen Telefonzellen über das Land verteilt hat, hat mir noch niemand erklären können. Mag das mobile Handy bereits in so gut wie allen Händen sein, man findet die altmodischen Häuschen in ihrer modisch-modernen Form an unvermuteten Stellen, hoch auf einer entlegenen Klippe bei Lamorna, mitten im Wald ein paar Meilen entfernt von Thomas Hardys Geburtshaus in Dorset oder einem einsamen *coast path*. Derek Tangye hat in einer seiner Cornwall-Erzählungen von einer Telefonzelle in einem kleinen Ort namens St. Buryan berichtet. Eine ältere Dame hatte sie mit einem kleinen Teppich, einem Hocker mit besticktem Kissen und einer Konsole ausgestattet, auf der sich eine Vase mit stets frischen Blumen befand. In der Weihnachtszeit war alles mit Stechpalmen und Tannenzweigen geschmückt. Als die Dame starb, fand sich allerdings keine ähnlich gemütvolle Nachfolgerin.

Was man sonst vom englischen Telefon wissen muß? Es ist alltäglich geworden, nichts Besonderes mehr. Ich sehne mich manchmal nach dem alten komplizierten Kampf mit Münze, Einwurfschlitz und *rapid beeps* zurück, als England noch englischer war. Ach ja: ein Telefonbuch werden Sie in keiner englischen Telefonzelle finden, ganz zu schweigen von einem Postamt. Wenn Sie eine Nummer nachschlagen wollen, begeben Sie sich in die nächste Stadtbücherei, auf Englisch *library*. Dort liegt eines aus.

Merken sollte man, sich auch für alle Fälle die Nummer 999. Sie ist in Großbritannien jedem Schulkind geläufig: der Notruf für Feuerwehr, Polizei, ärztliche Hilfe. Sogar die Küstenwache läßt sich über sie erreichen, falls Sie von einer Klippe aus jemanden entdecken, der in Seenot geraten ist. Es haben sich inzwischen aber auch schon Leute, die auf Ruderbooten oder aufblasbaren Flößen abgetrieben waren, über ihre *mobile phones* von der Küstenwacht retten lassen. Man sollte auch unser modernes Spielzeug nicht verteufeln. Der Slogan »Dial 999« hat jedenfalls schon viele Leben gerettet.

Ich war nicht immer so tolerant dem englischen Telefon gegenüber. Einst erwischte mich ein Reporter der BBC auf dem Flughafen Heathrow und fragte mich, was mir als Ausländer in England mißfallen habe.

Ich sagte: »Ja, das verdammte Telefon!«

Dann mußte ich mich beeilen. Der letzte Aufruf für unsere Maschine erfolgte soeben durch den Lautsprecher. So drängte ich weiter, hörte aber noch den Tontechniker ausrufen: »Verdammt, das können wir nicht benutzen – der hat verdammt gesagt!«

Das sollte man in England auch auf gar keinen Fall tun.

Standbeine für den Lebensstil

Es hat mal einer behauptet, eine durchschnittliche englische Konversation mit zwei Sätzen führen zu können. Man müsse nur, im jeweils richtigen Moment, entweder *Oh, how nice!* oder *Isn't it a shame?* sagen.

Ich habe den Tip bei einer Nachbarin angewandt, und er hat funktioniert. Immer, wenn sie von etwas Erfreulichem sprach, flocht ich mein »Ist das nicht nett?« ein, und wenn eines der Übel dieser Welt – Wetter, Politik, Krankheit, Tod – zur Sprache kam, sagte ich: »Ist das nicht eine Schande?« Da sie sich anschließend für das ausgesprochen freundliche Gespräch, das wir geführt hätten, bedankte, nehme ich an, daß es ihr tatsächlich gefallen hat.

Der Engländer ist bescheiden und anspruchsvoll zugleich. Er ist bescheiden, weil er vom Mitmenschen von vornherein kein übergroßes Eingehen auf Freud und Leid eines anderen erwartet. Der Anspruch liegt in der Unterordnung, die er damit erwartet. Er – in diesem Falle sie – hatte die Konversation eröffnet. Das Geringste, aber auch das Beste, was ich da tun konnte, war, sie nicht durch eigene Berichte zu unterbrechen, sondern unter beiläufiger Einschiebung der üblichen Höflichkeitsfloskeln mein Interesse zu bekunden. Daß es geheuchelt sein mußte, wußten wir beide: Ich erfuhr eine

Menge über Leute, die ich nicht kannte, Reisen in Länder, die ich nie besucht, Behandlung von Krankheiten, die ich nie gehabt hatte und auch hoffe, niemals zu bekommen. Mit *Oh, how nice* und *Isn't it a shame?* war wirklich alles zum Ausdruck gebracht, was unter diesen Umständen, über den Gartenzaun hinweg, an Teilnahme angedeutet werden konnte. Zum Dank für meine Höflichkeit erhielt ich sogar noch drei kleine Pflanzen mit winzigen weißen Blüten für meinen Vorgarten. Ich habe sie gehorsam eingepflanzt, und nun bedecken sie bereits die Hälfte der Fläche und erdrücken alles, was ich selbst gekauft, gepflegt und nach meinem eigenen Geschmack hergerichtet habe. Es kostet mich große Mühe, die weißen Wuchergewächse einigermaßen im Zaum zu halten.

Eine lehrreiche Parabel.

»Es wäre besser gewesen, du hättest mehr geredet und keine Pflanzen geschenkt bekommen«, behauptet meine Frau, aber ich glaube, da hat sie unrecht.

Höflichkeit und Freundlichkeit sind die beiden Eckpfeiler dessen, was man *the English way of life* nennt. Man widerspricht im Alltagsleben nur im äußersten Notfall (oder aus humoristischen Gründen), man pflanzt geschenkte Schößlinge in seinen Garten (selbst wenn es sich um Brennesseln handelt), man lächelt den Vorübergehenden an, vor allem wenn es sich um ein Kind oder einen Gleichaltrigen handelt.

Das Anlächeln von Unbekannten, Zufallsbegegnungen oder, wenn man sie zum zweitenmal trifft, sogar schon alten Bekannten gehört zu den überraschendsten Merkmalen englischen Lebensstils. Jedenfalls für jemanden, der aus einer größeren deutschen Stadt kommt; die grimmigen Gesichter der Gegenübersitzenden in der

Berliner U-Bahn gehören in England zu meinen Alpträumen.

Freilich gilt auch das schon nicht mehr für die jüngere Generation, die sich darin verzweifelt schnell die übliche mitteleuropäische Mürrischkeit angewöhnt hat. Und es gilt ebenfalls – natürlich, wie ich hinzufügen muß – nicht für London (oder Birmingham). Eine Verlegerin aus dem Norden Schottlands, wo man bedingungslos einen jeden und eine jede anlächelt, wenn man sie oder ihn auch nur von weitem sieht, tat das gleiche, als sie ihren Verlag in die britische Hauptstadt verlegte. »Ich gab es auf«, erzählte sie uns, »als ich bemerkte, daß man mich für verdreht oder sogar verrückt hielt.«

Schon wenige Meilen von London entfernt jedoch, auf dem Weg nach Westen oder Norden, erwartet und empfängt man ein leichtes Lächeln und womöglich im Vorübergehen ein freundliches *Nice day today* oder *The weather, isn't it a shame?* Das kostet nichts, verpflichtet zu nichts, macht aber das Leben angenehmer. Als wir kürzlich auf einem Klippenweg an der Südküste eine englische Familie trafen, lächelte sogar der Hund zurück. Er war darauf dressiert.

Bescheidenheit – Freundlichkeit kostet nichts – und Anspruch gehen auch hier Hand in Hand. Ich habe oben ausdrücklich formuliert: Höflichkeit verpflichtet zu nichts. Man sollte auch das im Hinterkopf behalten. Einladungen zum Tee, häufig bei derartigen Gelegenheiten ausgesprochen, sind meist nur artige Floskeln, und man sollte ihnen (den Einladungen) nicht nachkommen, jedenfalls nicht, ehe eine zweite, dringendere ausgesprochen wird. »Kommen Sie doch gelegentlich mal zum Tee vorbei« heißt, ins Mitteleuropäische übersetzt: »Ich finde Sie so nett, daß ich Sie beinahe zum Tee einladen möchte.« Erscheinen Sie aber bitte nicht unangemeldet eines Tages an der Tür! Der Hausherr und seine Frau wissen dann nicht einmal, was Sie eigentlich wollen.

Ich werde oft gefragt, was man denn zu englischen Einladungen mitbringen sollte. Die Antwort ist: Am besten nichts, nur sich selbst und die Bereitschaft, mit allen, denen man vorgestellt wird, auch zu reden. Tragen Sie auf keinen Fall einen Blumenstrauß in der Hand! Blumen mitzubringen ist, selbst bei festen Einladungen, die stets mit einem bestimmten Datum und einer genauen Uhrzeit verbunden sind, nicht üblich. Welterfahrene Hausfrauen werden ihn mit erfreutem Lächeln in Empfang nehmen (*Oh, how German!* sagte eine zu mir), die meisten das Bukett jedoch entgeistert in der Hand halten. Was tun? Wasser geben, die anderen Gäste vernachlässigen, das Dienstmädchen (falls vorhanden) informieren? Blumen bedeuten nichts als Umstände. Sie sind besonderen Anlässen vorbehalten, und ihnen wird stets eine Karte beigelegt.

Wenn Sie einer Engländerin oder einem Engländer zu einem Ehrentag eine Freude machen wollen, senden Sie ihm einen Gruß. Karten kosten weniger als Blumen, verpflichten nicht so sehr und werden zudem eifrig gezählt. Achten Sie darauf, daß es sich um eine vierseitige Schmuckkarte handelt, die man auf den *mantelpiece* (Kaminsims) stellen kann. Nicht die Anzahl der Blumensträuße ist von Bedeutung, die man zum Geburts- oder Hochzeitstag, zu Weihnachen oder Ostern erhält, sondern die Anzahl der Kartengrüße auf dem Kaminsims. Ein ausländischer darunter hat beinahe den doppelten Stellenwert.

Alkoholische Getränke mitzubringen, wie bei uns üblich geworden, ist ebenfalls eine heikle Sache. Eine Flasche *hock* (Rheinwein) oder Liebfrauenmilch ließe sich zur Not noch als Mitbringsel aus Deutschland deklarieren. Aber *bottle parties* feiert man nur unter Gleichaltrigen, meist Jugendlichen. Ansonsten bedeutet ein Getränk unterm Arm, daß man befürchtet, die Gastgeber könnten zu arm oder zu ideenlos sein, um das Richtige eingekauft zu haben. Unter guten Freunden ist es allerdings möglich und in manchen Gegenden üblich, eine – möglichst kleine – Flasche des Lieblingsgetränks mitzubringen (was als Intimität verstanden wird).

Schwierig ist es auch, die jeweilige Bekleidung in dem von allen Engländern so hochgeschätzten Stadium der Ausgewogenheit zu halten. Der normale Brite hat eine höllische Furcht davor, *overdressed* zu erscheinen. Da das Gegenteil, zumal in der *middle class*, dem Bürgertum, als milde Beleidigung verstanden werden kann, empfiehlt sich für den Herrn, was wir Straßenanzug nennen – nebst Krawatte. Damen, habe ich das Gefühl, können jederzeit und überall tragen, was immer sie wollen, vom Strickensemble bis hin zu etwas, das ich als Nachthemd einzuordnen geneigt war, bis meine Frau mir erklärte, es handele sich um ein Modellkleid und sei *overdressed*.

Apropos *middle class*. Erwarten Sie nicht, daß Angehörige des Mittelstands – wie manchmal bei uns – protzig auffahren. Die Art, sich Gästen gegenüber ein besonderes Image zuzulegen, liegt dem Engländer gar nicht. Er lebt bescheiden und bezieht auch den Besuch in seinen ihm eigenen Lebensrahmen ein, aus Höflichkeit, aber auch Sparsamkeit. Man schlürfe den unvermeidlichen Sherry, als sei er eine Köstlichkeit, und bleibe nicht zu lange. Besuche werden kurz gehalten, erfreulich kurz für meinen Begriff. *Overstay a welcome* ist eine Ungehörigkeit, ein oder zwei Stunden genügen zum Kommunikationsaustausch, und wenn man die Gäste erst einmal empfangen hat, ist jeder froh, wenn sie auch wieder gehen. Das ist zwar bei uns genauso allgemein bekannt, wird aber selten als stillschweigende Übereinkunft betrachtet. In England ist sie selbstverständlich.

Das heißt: *social life* wird sehr wichtig genommen, und zu ihm gehören auch gelegentliche Einladungen, aber es darf auch wieder nicht die Entfaltung des Individuums und dessen unverbrüchliche Rechte beschneiden. Das Auswägen zwischen dem Individuellen und dem Allgemeinen gehört zu den weiteren Geheimnissen des ansonsten schwer zu definierenden englischen Lebensstils.

Die Unterhaltung richtet sich, wie überall, nach dem Bildungsstand von Gastgebern und Gästen, ihren gemeinsamen oder entgegengesetzten Interessen sowie der Stimmung im Kreis. Ich selbst bin das, was man heutzutage als »kommunikationsfreudig« bezeichnet, schon von Berufs wegen; ich rede gern mit jedem in einer Runde über alles und jedes. Bis mir meine Frau einen Ratschlag gab, den ich hier, in der gleichen Form, in der er mir erteilt wurde, weiterreichen möchte. Er ist gut und lautet: »Zu allem kannst du deine Meinung sagen, aber bitte halte an dich, wenn es um Kirche und Schule geht.«

Die Kirche spielt in England eine weit größere gesellschaftliche Rolle als bei uns. Ebenso, wie nach dem Gottesdienst nicht selten Kaffee gereicht wird und sich ein gemütliches Plauderstündchen anschließt – nebenan in der Sakristei oder im Gemeinderaum spielt die christliche Jugend Pingpong –, sind selbst Lotto-Veranstaltungen (Bingo), natürlich zu wohltätigen Zwecken, nichts Ungewöhnliches. Die Kirche bedeutet oft so etwas wie den Club des kleinen Mannes. Abgesehen vom geistlichen Heil bietet sie auch Kommunikation mit dem Nächsten und Unterhaltung.

Das gilt noch verstärkt für die vielen Sekten, deren Versammlungsräume für die Gläubigen das darstellen, was für andere das Pub ist (siehe dort!), nämlich Zufluchtsort und Mittelpunkt des gesellschaftlichen, aber auch des individuellen Lebens.

Die Unterscheidung zwischen *Church People* und *Chapel People* mag altmodisch werden, aber mit ihr geht es wie mit den Klassenschranken: sie werden abgeleugnet, sind auch wohl am Verschwinden, trotzdem jedoch noch deutlich vorhanden. Zur Staatskirche bekennt sich, grob formuliert, das, was sich als die bessere Gesellschaft versteht, daher auch der Name *High Church* für die Kirche von England. Die Mitglieder der anderen christlichen Gemeinschaften stammen vor allem aus den niederen Schichten. Man muß diese Aussage mit vielen Vorbehalten machen, aber ganz allgemein trifft solche Unterscheidung auch weiterhin zu. Die *Church of England* ist zwar die offizielle Staatskirche und die Königin ihr Oberhaupt, gehören doch die beiden Erzbischöfe als höchste Würdenträger des Landes dem Oberhaus an. Aber nicht minder bedeutend sind die vielen Sekten, die ein Äußerstes an frommer und gesellschaftlicher Aktivität entfalten. In meiner Gegend, im äußersten Westen, gibt es fast mehr Methodisten im Sinne John Wesleys als andere Gläubige.

Seit der Oxford-Bewegung, die schon 1833 begann und eine Wiedervereinigung der anglikanischen Kirche mit der katholischen anstrebte, ist auch die Toleranz gegenüber den Katholiken gewachsen, selbst im erzprotestantischen England. Dem Ritus nach bestehen ohnedies wenige – allerdings stets heftig umstrittene – Unterschiede. Aber gleichzeitig wäre eine katholische Königin undenkbar, obwohl doch das jetzige Königshaus in direkter Nachfolge der katholischen Stuarts regiert. In der Regenbogenpresse schrieb man sich die Finger wund, als der derzeitige *Prince of Wales* eine Romanze mit einer katholischen Prinzessin hatte oder zu haben schien, und seine Audienz bei Johannes Paul II. in Rom wurde ebenfalls als Sensation empfunden, zu schweigen vom Papstbesuch (der im übrigen in England nicht weniger Eindruck machte als im katholischen Mittel- und Südamerika).

Dafür sind die Engländer über nichts mehr zerstritten als über die Schulfrage. Die Schule spielt im Leben fast aller Gesellschaftsklassen eine größere Rolle als sonstwo auf der Welt. Für junge Menschen war schon immer die Wahl der Schule die Entscheidung für Zukunftschancen. Für die Eltern mußte also, unabhängig von ihrer politischen Überzeugung, Ausbildung »käuflich« sein und bleiben. Solange die Labour-Party die privaten Schulen, die dies garantierten, verbieten wollten, bekam sie keine Mehrheit. Sie florierte erst wieder, als sie das englische System akzeptierte.

Die oberen Klassen, vor allem aber die Mittelschichten, bestehen auf den *public schools*, wie die privaten Schulen merkwürdigerweise heißen, weil man Gleichmacherei verabscheut. Unzählige englische Familien legen sich lieber krumm und geraten nahe an den Ruin, um das zum Teil erhebliche Schulgeld aufzubringen. Die Argumente klingen dabei nur mitteleuropäischen Ohren mitunter kurios. Eine Bekannte hat ihren Sohn von der öffentlichen Schule genommen, weil dort die Lehrer nicht mehr mit *Sir* angesprochen werden. Aber ganz unrecht hatte sie dabei nicht: Der kleine James hat, wenn alles so bleibt wie jetzt (und in England verbleibt alles länger im Zustand der Beharrung als bei uns), mit gutem Benehmen weitaus größere Chancen, selbst in der englischen Industriegesellschaft. Sich richtig benehmen zu können, ist in England heute noch ebenso wichtig wie ein guter O *level* oder A *level*, was unserer mittleren Reife beziehungsweise dem Abitur entspricht. Und die Elite-Universitäten, zu deren Absolventen häufig auch die Nachkriegs-Ministerpräsidenten der *Labour Party* gehörten, sind eher traditionell ausgerichtet geblieben. Harrow, Eton und Oxbridge (die burschikose Abkürzung für Oxford und Cambridge) stehen immer noch an der Spitze einer wohlabgezirkelten Pyramide der Erziehung und Ausbildung, die die Zukunft junger Engländer bestimmt, mag man links und rechts noch so dagegen wettern.

Gewettert wird dagegen selbst von rechts, von konservativer Seite, aber Individualität bleibt nun einmal Trumpf im englischen Lebensstil. Auch wenn sich das Konservative, wie bei den meisten *public schools*, in – wiederum nicht eben billigen – Schuluniformen äußert. Individualität durch Uniformität – das bringt nur England zuwege! Als unsere Bekannte ihren James zum erstenmal in der neuen Schuluniform sah, brach sie in Tränen aus.

Habe ich gesagt, Höflichkeit und Freundlichkeit seien die Standbeine englischer Wesens- und Lebensart? Sind sie. Es kommt allerdings ein drittes Standbein hinzu, damit ein Dreifuß daraus wird, ein *tripod*: die ständige Bereitschaft zum Kompromiß.

Das gilt freilich für alle politischen Richtungen und ist keineswegs so modern, wie es manchem vorkommt. Da findet sich selbst zwischen den Erzrivalen, den konservativen Tories und den eher sozialdemokratischen Labour-Leuten nicht der geringste Unterschied, auch wenn beide Parteien ihre notwendigen Mahner zur Wahrung des Unterschieds besitzen.

Wetter und Kompromisse

Hätte George Mikes in seinem Buch *How to be a Brit* auch das Telefon behandelt, was er leider aus mir unverständlichen Gründen versäumt hat, er hätte es gewiß als einen Kompromiß zwischen Kommunikation und Glücksspiel bezeichnet. Mikes, den die Engländer »Meiks« aussprechen, der sich selbst jedoch »Mikesch« nannte, war ein Ungar, der britischer wurde als die Briten. Zugleich hatte er eine beneidenswerte Mittelstellung bewahrt, nämlich so viel mitteleuropäischen Abstand, daß ihm »Typisches« weiterhin auffiel. Er nutzte es, um mit seiner ungarischen Kodderschnauze alles, was seine Aufmerksamkeit erregte, kräftig durch den Kakao zu ziehen, und die Engländer dankten es ihm weltweit mit Bestsellerauflagen. Mikes war ein – typisch englischer – Kompromiß zwischen Kritiker und Lobredner.

Und nichts haben, Mikes zufolge, Engländer lieber als derartige Kompromisse. Das englische Clubleben, zum Beispiel, dünkt ihn ein Kompromiß zwischen den Verantwortlichkeiten sozialen Lebens und purer Langeweile, das englische Heim ein Kompromiß zwischen den Flüchen der Zivilisation und den Gefahren des Lebens im Freien. »Man darf im englischen Heim inzwischen ja sogar Zentralheizung haben«, lesen wir, »nur im Badezimmer nicht, weil das der einzige Raum ist, in dem man nackt und naß zugleich zu sein pflegt, und man muß auch den englischen Bazillen eine faire Chance einräumen.«

Was den Club betrifft, den man, ähnlich wie die roten Telefonzellen, international als urenglisch ansieht wie sonst bestenfalls den *Union Jack*, so wird man es als Außenstehender nach wie vor schwer finden hineinzukommen. Oder extrem leicht: wenn man nämlich ein Clubmitglied so gut kennt, daß es einen einlädt (oder auffordert), sein Gast zu sein.

Seit sich die für die traditionell allein Männern vorbehaltenen Clubs peinliche Lage ergab, daß Großbritannien in drei Legislaturperioden von einer Premierministerin regiert wurde, hat sich manches verändert oder liberalisiert: Im altangesehenen, 1832 gegründeten Carlton Club, zum Beispiel, war der jeweilige Premierminister von den Statuten her automatisch Mitglied.

Jetzt also eine Frau. Da mußten andere distinguierte Clubs – nicht alle – nachziehen, zumindest was die Abendtafel betrifft.

Kurioserweise dürfen sie aber nicht einmal im Künstler- und Schriftsteller-Club Garrick, wo Angehörige des weiblichen Geschlechts schon früher dinieren durften, alle Räume betreten. Wie es bei Athenaeum, Boodle's, Brook's oder White's steht, Clubs, in die man hineingeboren werden muß, sollte man erfragen, sobald man eingeladen wird. Ingrid Nowel in ihrem London-Buch: »Im Verlauf der letzten Jahrzehnte ist die Welt der Gentlemen sehr viel kleiner geworden; viele Clubs wurden aufgelöst, Clubhäuser mußten verkauft werden, und hinter der stattlichen Fassade herrscht oftmals blanke Existenznot.«

Ihr begegnet man heute schon mit ausgeklügeltem Management, indem man die Räume für Veranstaltungen, Bälle, sogar Lotterien nutzt. Und auch Gästen öffnet, die von den Mitgliedern eingeladen werden. Viel zitiert hört man neuerdings den Ausspruch eines der Komikerbrüder Marx, Groucho: »Werde ich zahlen gutes Geld für einen Club, der Leute aufnimmt wie mich!«

Ingrid Nowel über die Durchschnittsmitglieder: »Sie schreiten über ausladende Freitreppen, vorbei an den zahllosen Porträts eminenter Vorfahren, in die Bar, versinken in ihren angestammten Ledersesseln, grüßen dieses oder jenes bekannte Gesicht, schlendern in den weitläufigen, zurückhaltend verstaubten Speisesaal und nehmen mehrere Gänge eines traditionell-englischen, meist mittelmäßigen, oftmals ungenießbaren Lunchs zu sich.«

Mein unvergeßlichstes Erlebnis in einem Londoner Club bestand in der Bekanntschaft, die ich mit einem dort heimischen Individuum machte. Es war volltrunken, trug einen völlig durchlöcherten Pullover und bat mich nach drei Uhr nachmittags (es gibt in den Clubs keine Lizenzstunden), ihm einen Drink zu kaufen. Das mag nicht typisch sein, aber es ist – ich habe es selbst erlebt – immerhin möglich.

George Mikes ist zur Tatsache des staatlich überwachten Alkoholausschanks, daß nämlich ein gewöhnlicher Sterblicher fünf Minuten nach sechs einen Drink einnehmen durfte (siehe Kapitel über das geliebte Pub), er jedoch fünf Minuten vor sechs Uhr einen Gesetzesverstoß beging, kein Kompromiß eingefallen. Das englische Wetter hingegen hält er für einen »gerechten Kompromiß zwischen Regen und Nebel«.

Meine Reaktion darauf kann nichts anderes sein als ein fairer Kompromiß zwischen Zustimmung und skeptischer Ablehnung. Auf jeden Fall ist das englische Wetter wechselvoller als das unsere; es spielt oft an einem einzigen Tag fast sämtliche Möglichkeiten durch, die »Wetter« überhaupt bereithalten kann: vom hellsten Sonnenschein bis Regen und Hagel. Ein ewig blauer Himmel kann zumindest mir eher aufs Gemüt schlagen und mich zutiefst melancholisch stimmen als stete Abwechslung und Überraschung.

Vor beiden ist man in Großbritannien ganz bestimmt nicht gefeit. Wer sich bei schönstem Wetter auf einen Ausflug begibt, muß damit rechnen, daß es sich bewölken wird, es zu nieseln, regnen, schneien, hageln, blitzen und donnern anfängt; und wer bei dickem Nebel aufbricht, verlebt womöglich einen Tag so schön wie an der Riviera. »Die Vorurteile über das englische Wetter kann man getrost zu Hause lassen«, findet Ingrid Nowel, »den Schirm jedoch nicht.«

Ihr Ratschlag gilt für London, *all right*. Es muß allerdings davor gewarnt werden, ihn ohne weiteres auf das gesamte Land zu beziehen. Bei einem Stadtaufenthalt – das ist sicher – sind Schirme unentbehrlich. Doch an den Küsten habe ich äußerst schlechte Erfahrungen damit gemacht. Es bläst dort meist während eines Regenschauers nicht nur ein Wind, sondern es tobt geradezu ein Sturm, dem auch ein noch so kompakter und solider Schirm selten standhält; wenn er Ihnen zum zehntenmal zur falschen Seite hochgeschlagen ist, verfluchen Sie ihn und die Tatsache, ein so unpraktisches und unhandliches Utensil mitgenommen zu haben. Der letzte Schirm, den ich auf einer Küstenwanderung bei mir trug, liegt in den

Klippen von Treagar Point bei Porthleven; ich mußte ihn wegwerfen. Er erwies sich auf dem steilen und engen *coast path* als geradezu gefährlich, weil er ständig Windböen fing; man kann dadurch leicht in die Tiefe gerissen werden. Ein Wanderstab (*A walking stick is the man's best friend* lautet ein Sprichwort) ist schon eher am Platze.

Und Pullover! Vergessen Sie Ihren dicksten Pullover nicht, wenn Sie nach Großbritannien reisen (und nehmen Sie auch einen etwas leichteren mit). Nur wer nach Schottland fährt, darf sich das schenken. Dort stoßen Sie nahezu auf Schritt und Tritt auf jene *mills*, in denen Sie für weit weniger Geld als in den Geschäften die wärmsten und schönsten Wollsachen kaufen können.

Pullover sind selbst im Sommer in England, Schottland und Wales unentbehrlich. Es gibt heiße Sommertage, an denen man trotzdem abends ein warmes Kleidungsstück gebrauchen kann, denn vor allem in der Übergangszeit sind die meisten Hotels nur kärglich geheizt. Das vielbesungene, oft beschriebene *open fire* in der *lounge* ist, Mikes zufolge, ein weiterer Kompromiß zwischen zwei Extremen: »Es löst das Problem, wie man sich zur gleichen Zeit verbrennen und einen Schnupfen holen kann.« Der probate Anzug wäre vorn ein Badekostüm und auf dem Rücken ein Pelzmantel – sogar am Kaminfeuer tut ein Pullover unter Umständen gute Dienste.

Wer viel wandert, trotz Wind und Wetter – da macht das Wandern im übrigen am meisten Spaß –, sollte regenfeste Kleidung mitbringen oder erwerben (es gibt in England ganz leichte, vorzügliche Überstreifjacken und Hosen). Auch *wellies* (Gummistiefel) können nicht schaden, benannt nach dem Waterloo-Sieger Wellington, der sie erfunden haben soll. Sehr praktisch sind nach wie vor jene Doppelschirmmützen, die, weil irgendein Zeichner sie ihm verpaßte, seither mit der imaginären Figur des Sherlock Holmes in Verbindung gebracht werden. Dabei haben sie ursprünglich keineswegs mit einem Detektiv zu tun, sondern stammen vom fröhlichen Jagen. Solche Hüte trugen früher die *gentlemen*, wenn sie im Walde schießen gingen; dort träufelt es gewöhnlich von den Bäumen in Rinnsalen, die leicht eine der am wenigsten geschützten Stellen männlicher Bekleidung erreichen, nämlich den Nacken hinten am Kragen. Da das nicht nur auf der Jagd der Fall (und unangenehm genug) ist, kann eine Sherlock-Holmes-Kopfbedeckung gute Dienste leisten, auch wenn man ohne Gewehr oder Stutzen im Grünen umherstreift.

Ansonsten machen Sie es am besten wie die *Pickwickier* von Charles Dickens. Ziehen Sie los, wie immer Sie wollen! Das Wetter ist, nach Ansicht der Engländer, nichts als Glückssache. Es bietet daher endlosen Gesprächsstoff, und qualifiziert man auf dem Kontinent ein Gespräch über das Wetter als unfein und einfallslos ab, so gilt es auf den Britischen Inseln als unfein und snobistisch, ein Gespräch etwa nicht mit dem Wetter zu beginnen. Selbst auf dem Lande, auf Wanderwegen in den Cotswolds oder auf einem *coast path* im hohen Norden Schottlands pflegt man Entgegenkommenden einen Gruß oder – noch besser – einen kurzen, knappen Kommentar über das Wetter zu entbieten, *Nice day, isn't it?* oder *Nasty weather to-day, eh?*, je nachdem.

Bildet das Wetter das Gesprächsthema Nummer eins (und oft das einzige), so ist Gesprächsstoff Nummer zwei zweifellos der Wetterbericht. Er stimmt noch seltener als bei uns zulande. George Mikes behauptet, daß britische Meteorologen stets nur das *richtige* Wetter voraussagen, nämlich so, wie es *sein sollte*, indes Ingrid Nowel die britischen Wetterberichte als »rhetorische Meisterleistungen« empfindet, die jedoch »der individuellen Interpretation« bedürfen, denn »ihnen liegt die Auffassung zugrunde, daß ein mündiger Bürger selbst zu merken hat, ob es regnet oder nicht«.

Tatsächlich geraten den britischen Fernsehmoderatoren die Wetterberichte jeweils zu einem kleinen Fernsehspiel. So unpathetisch Sprecher in Rundfunk und Fernsehen sich meist geben, so dramatisch formulieren und betonen sie vor allem bevorstehende Unbilden. Starker Ostwind heißt *biting easterly winds*, und sein Nahen wird wie eine Drohung ausgestoßen. Ist dann noch augenrollend von *scattered snow showers* oder *severe frost in places* (was meist an die zwei bis drei Grad minus bedeutet) die Rede, duckt man sich beim abschließenden *tomorrow: very cold again*, wobei das *very* übermäßig in die Breite gezogen wird, wie in einem Monolog des *King Lear*. Täuscht man sich, oder klingt sogar etwas Schadenfreude mit bei den Unheilsdrohungen der männlichen Kassandra aus dem warmen Londoner Funkhaus?

Dafür wird ein Hoch im Sommer wie eine Freudenbotschaft mit lauter strahlenden Sonnen auf der Landkarte angekündigt, unterbrochen nur durch ebenso liebliche Lämmerwölkchen. Wie einen Kuß der ganzen Welt präsentiert der Sprecher seine meteorologische Voraussage und läßt seine Stimme fröhlich auf- und abhüpfen.

Das englische Wetter ist tatsächlich eine Sache für sich, zugegeben. Aber so schlecht, wie es gern dargestellt wird, ist es nicht (und so gut, wie im Wetterbericht angekündigt, meist auch nicht). Sagen wir es offen: Der schlechte Ruf des englischen Wetters beruht, zum Teil wenigstens, auf einer gewissen Hysterie der Betroffenen. So *cool* man in Großbritannien an alle Dinge des normalen, geistigen, ökonomischen, sogar des transzendentalen Lebens herangeht, beim Wetter endet alle Nonchalance. Straßen, auf denen etwas Graupel liegt, werden für unbefahrbar erklärt, alten Leuten über den Rundfunk empfohlen, in den Betten zu bleiben oder sich in Dekken zu hüllen, oft bricht die Stromversorgung zusammen, und in den Dorfläden werden die Lebensmittel knapp.

Zu einem Teil ist der Grund, wie gesagt, reine Hysterie. Durch den Golfstrom, der die Britischen Inseln beinahe breitseits trifft, sind die Winter, außer in den hohen Bergen im Norden, bei weitem nicht so hart wie bei uns. Im Gegenteil: Sie sind ausgesprochen mild und zeichnen sich eher durch Regen und Nebel als durch Frost aus. Aber kaum fällt Schnee und bleibt, gottbewahre!, sogar ein paar Tage liegen, gerät alles außer Rand und Band. Die Züge haben Verspätung, die Busse fahren überhaupt nicht, einsame Bauernhöfe, aber auch kleine Dörfer und sogar Städte fühlen sich abgeschnitten und fordern Hubschrauber zur Versorgung und zum Krankentransport an, ungeachtet der Tatsache, daß man die Kinder nach wie vor mit nackten Knien in die Schule schickt, falls diese nicht auch durch hektische Alarmmeldungen im Rundfunk (*due to weather conditions*) geschlossen bleibt.

Plötzlich, bei Schnee und Frost, scheinen die Engländer zu vergessen, was sie am besten können: organisieren. Gewiß, improvisiert wird meist alles, die Schneeräumung, der Krankentransport, die Versorgung mit Nahrungsmitteln, und sogar erstaunlich rasch, denn improvisieren können die Briten fast noch besser als organisieren. Aber es nimmt einen wunder, daß man sich in Großbritannien von Jahr zu Jahr erneut vom Winter glatt übertölpeln läßt.

Erst nach langjähriger Beobachtung und vielen Gesprächen meine ich herausgefunden zu haben, woran das liegt. Die Briten glauben nicht ans Vorsorgen. Sie haben zwar die gesamte Versicherungsbranche erfunden und ins Leben gerufen, aber im Grunde ihres Herzens gehört es zum Sportgeist der Nation, tapfer auf sich zu nehmen, was der Himmel oder wer immer nun eben schicksalhaft bereithält. Es ist unfair, Petrus oder gar dem lieben Gott ins Handwerk zu pfuschen. Hat er eine Prüfung auferlegt: gut, so muß und darf und soll man sie meistern mit allen Kräften, die einem zu Gebote stehen. Über Gebühr Vorsorge treffen hieße jedoch, die Götter oder Gott zu versuchen oder vielmehr dem Wetter nicht jene faire Chance zu bieten, die es am Ende doch verdient. Ein Kompromiß zwischen Fatalismus und Gottglauben.

Eigentlich müßte es für die Briten ein Kinderspiel sein, sich auf ihre relativ harmlosen Winter so vorzubereiten, daß nicht Jahr für Jahr wieder die gleiche Konfusion entsteht. Perfektion wird zwar niemals angestrebt (meist auch keine übermäßige Pünktlichkeit), aber man könnte doch wenigstens das Allernotwendigste tun, um gerüstet zu sein. Statt dessen benimmt man sich im Sommer, als würde es keinen Winter geben, und hegt die Hoffnung, so schlimm werde es wohl nicht kommen. Die Wasserleitungen werden weiterhin draußen am Haus hochgeführt (auf daß sie bei wenigen Graden minus dauerhaft zufrieren und womöglich platzen), außer gelegentlich auf Flughäfen keine Schneepflüge angeschafft (eine überflüssige Geldausgabe für ein paar Tage im Jahr), die Häuser kaum oder gar nicht isoliert und Doppelfenster als Luxus betrachtet wie goldene Türknäufe oder Mischbatterien.

Deutschen, vor allem den Pedanten unter ihnen und den Autofahrern, ist ein Winteraufenthalt in Großbritannien daher nicht unbedingt anzuraten. Man muß allerdings nicht einmal eine Wikingerseele in sich verspüren, um gerade den Winter in England, Wales, eventuell sogar Schottland von Herzen genießen zu können.

Nie vergessen werde ich den Anblick des Atlantiks aus unserem Fenster in unserem ersten Englandwinter. Er ließ sich beim besten Willen nur als »trostlos« bezeichnen: nichts als eine graue Wand aus Nebel, Schneetreiben, weißen Wellenkämmen, die an den Strand donnerten, und tieffliegenden Wolkenfetzen. Keine sehr gemütliche Aussicht, nicht einmal von unserer deutsch und nicht englisch beheizten Wohnung aus.

Ein Blick auf die Gezeitentafel, die wir uns jedes Jahr kaufen, zeigte mir kurz nach dem Frühstück, daß die Flut nahte. »Die müssen wir am Hafen beobachten«, meinte ich zu meiner Frau, »ein urtümlicher Eindruck!« Sie gab zunächst vor, in der Küche zu tun zu haben, willigte schließlich aber ein, mich zu begleiten. Man muß wissen, daß unser Ort auf einer Halbinsel liegt, die weit ins Meer ragt. Stürmt es jeweils auf der einen Seite der Halbinsel, ist es auf der anderen ruhig. Der Sturm stand nicht auf unserer Seite, die Porthmeor heißt, sondern auf der anderen, Porthminster. Das versprach haushohe Brecher und Fontänen in der Hafengegend.

Als wir durch den Schneematsch stapften, ahnte ich noch nicht, daß unter den vorhandenen Umständen die Brecher und Wassermassen auch höher als haushoch ausfallen können. Wir kämpften uns der Straße The Warren entgegen, als uns, etwa in der Höhe des Art's Clubs, durch eine Häuserlücke hindurch eine unerwartete Welle entgegenschlug, der wir mit Mühe und Not entgehen konnten, indem wir uns in den Schutz des nächsten Gebäudes retteten. Im gleichen Augenblick trafen uns über das Dach des zweistöckigen Hauses hinweg Tonnen von Wasser desselben Brechers, indes eine Schar von Sonntagstouristen noch rechtzeitig die Sicherheit des nächstgelegenen Toreingangs erreichen konnte.

Ich habe gelernt, daß es in England – mit Ausnahme des Sprechers von BBC 1 (*British Broadcasting Corporation*) beim Verlesen des Wetterberichts – jedermann unter allen Umständen vermeidet, Schadenfreude zu zeigen, die als das Ungehörigste vom Ungehörigen gilt. Die Sonntagsausflügler schienen jedoch keineswegs von der feinsten englischen Art, denn sie zeigten deutlich einiges Amüsement über den Anblick, den wir geboten haben müssen: pudelnaß vom Hut bis zu den Socken! Und das bei heftigem Schneetreiben in einer an und für sich durchaus sicheren Straße, durch die wir täglich mehrmals gehen, ohne uns etwas dabei zu denken. Nur ein älterer Herr murmelte so etwas wie: *Oh, very sorry*, als sei er an dem Vorfall schuld.

Wir sind dann im Dauerlauf zurück nach Porthmeor. »Herrlicher Anblick, die tosende See«, keuchte meine Frau unterwegs und stellte ausgiebig fest, wer schuld an unserem Malheur war, ich nämlich; und das stimmte ja auch.

Zudem herrschte ein Wind, den man in manchen Gegenden Englands als *lazy* (faul) bezeichnet. Dann scheint der Wind zu bequem dazu, den menschlichen Körper wie gewöhnlich zu umwehen. Er pustet statt dessen durch jeden hindurch, der sich ihm in den Weg stellt.

Kalt ist es ja eigentlich nicht, die Temperaturen liegen um den Nullpunkt. Aber wenn einen dieser »faule« Wind trifft, glaubt man, unverzüglich in einer gigantischen Kühltruhe eingefroren zu werden. Er durchdringt mühelos Kleider, Haut, Muskeln, Fleisch und wickelt einem, jedem Knochen einzeln, Eis ums Gebein.

Aber gibt es Schöneres, als nach einem Aufenthalt in diesem Wind – oder einer Wasserfalldusche auf der High Street mitten im kalten Winter – daheim ein heißes Vollbad zu nehmen? Kann sich an wohliger Wärme erfreuen, wer nicht aus der Kälte kommt? Der erste Schluck Brandy an der Pub-Theke, nachdem man sich durch das Toben sämtlicher vorhandenen Elemente (mit Ausnahme des Feuers) durchgekämpft hat, ist unvergleichlich. (Diese Bewährungsprobe mußte früher freilich in den *licensed hours* erfolgt sein.) Und wann schläft es sich besser, als wenn der – meinetwegen schlimmste »faule« – Wind ums Haus heult, als befände sich König Artus samt Exkalibur und Zauberer Merlin auf wilder Jagd?

Unbilden sind im Grunde die Kehrseite jener Medaille, die erst den wahren und echten, den ungetrübten Seelenfrieden verspricht. Ich glaube, das wissen die Engländer instinktiv. Wer vorsorgt, verdirbt sich den Triumph über die herrschenden Verhältnisse, und der Triumph wird um so größer sein, je schlechter das Wetter ist. Aus dem Winter einen Sommer machen hieße, die Jahreszeiten zu verwischen, ihre Vor- und ihre Nachteile, die man beide auf der Haut spüren muß, um im natürlichen Gleichgewicht zu sein und zu bleiben.

Dieses Gleichgewicht besteht in England noch. Und man tut alles, es auch zu erhalten: ein Kompromiß zwischen zivilisatorischem Fortschritt und menschlichem Stolz, dem Wetter noch immer so trotzen zu können wie in alten Zeiten.

Alle Briten, auch die Großstädter, stammen letztlich von Seefahrern ab.

Der Instinkt der Zurückhaltung

Eine englische Dame, die gefragt wurde, wie sie ihr Haar frisiert haben möchte, soll geantwortet haben: *In perfect silence*, in völliger Ruhe, ohne unnötiges Geplapper.

Vor dem Eindringen Fremder in das eigene Privatleben – und sei es auch nur in bezug auf Gedanken und Meinungen – besitzen Engländer beiderlei Geschlechts eine ebenso beständige wie manische Furcht. Sie ist bei manchen zwar rasch und dann um so nachhaltiger überwunden, aber als Ideal betrachtet wird – immer noch – die konsequente Absonderung von der Masse. Tief eingeprägt hat sich allen die Überzeugung, daß sie in erster Linie nicht Engländerin sind oder Engländer, sondern ein unverwechselbares Individuum, das in seiner eigenen, ganz privaten Welt lebt, in die – *no trespassing!* – grundsätzlich kein Außenstehender einzudringen hat.

Das zeigt sich selbst im Hinblick auf unser voriges Thema, das Wetter beziehungsweise die allgemeine Ignorierung desselben. In ihrer 1932 erschienenen *Family History* (deutsch *Eine Frau von vierzig Jahren*) schreibt Vita Sackville-West: »Das Haus war warm, da es Zentralheizung besaß, die sich Leute, denen es nicht so gutging, nicht leisten konnten – oder die sie verachteten, da die Engländer von allen nördlichen Völkern das

Klima am wenigsten beachten, obwohl sie unablässig und ausschließlich einzigartige Bemerkungen darüber machen.«

Mißhelligkeiten einfach zu ignorieren gehört zum englischen Prinzip der Lebensführung. Es bedarf dazu vor allem eines beherrschten Mienenspiels, weshalb auch bis vor kurzem, insgeheim jedoch heute noch, bereits auf der Schule gelehrt wird, daß, um wiederum Vita Sackville-West (aus demselben Roman) zu zitieren, »Armut des Ausdrucks ein Kennzeichen männlicher und englischer Zurückhaltung« sei. Ich weiß nicht, warum die Autorin, die doch sonst viel für die endgültige Emanzipation der englischen Frau getan und geschrieben hat, in diesem Fall freiwillig jene englische Zurückhaltung ausgerechnet auf die Herren der Schöpfung beschränkt. Mann und Frau unterscheiden sich in Großbritannien hinsichtlich des allgemeinen Volkscharakters eigentlich weit weniger als in anderen Ländern. Aber das Schlüsselwort ist in und mit diesem Zitat gefallen. Es heißt: Zurückhaltung.

Wer die Engländer ein wenig näher kennenlernt, wird bald bemerken, daß diese Zurückhaltung zwar oft probiert und viel geübt wird, daß sie aber keinesfalls einen ursprünglichen Charakterzug des Volkes oder des Völkergemischs in Großbritannien darstellt. Sie ist anerzogen, oft eingedrillt, ein Ideal, das schwer errungen und trotzdem immer wieder erzwungen werden will, keine Eigenart, die man ganz einfach in die Wiege gelegt bekommen hat.

Eher im Gegenteil. Die Engländerin ist nicht weniger neugierig als, sagen wir, die Deutsche, auch nicht weniger kommunikativ. Und die Engländer, um erneut die unerschöpfliche Autorin Sackville-West heranzuziehen, die so intensiv über das Englische an sich nachgedacht hat, sind selbst im vorgerückten Alter »sehr oft nichts als erwachsene Schuljungen«. Der Typ des großen Jungen findet sich in England tatsächlich erstaunlich häufig. Er dürfte, schon auf dem Umwege über die vielen »großen Jungs« des Hollywoodfilms alten Stils, in der ganzen Welt Sympathie errungen haben, aber er ist keineswegs die ideale Voraussetzung für eine zurückhaltende, mitunter etwas blasiert wirkende Lebenseinstellung.

Um so weniger, als diese, wie es sich in der Mitte des 19. Jahrhunderts angesichts einer militärischen und wirtschaftlichen Überlegenheit, die sogar das alte Rom übertraf, gezeigt hat, in absolute Arroganz umschlagen kann. Der Historiker Henry Thomas Buckler hat 1857 bis 1861 sein Buch *Die Geschichte der Zivilisation in England* veröffentlicht, in der er, die naturwissenschaftlichen Methoden Charles Darwins auf die Zeitgeschichte anwendend, alle Zivilisationen der Erde als Abweichungen von der eigentlichen, einzig wahren und richtigen Zivilisation definierte, selbstredend der englischen.

Ein solcher Standpunkt wird im modernen England natürlich kaum noch offen ausgesprochen. Ich bin mir trotzdem nicht sicher, ob er so gründlich verschwunden ist wie das Empire, auf dem er beruhte. Großbritannien dürfte, über alle Verluste politischer, wirtschaftlicher und gesellschaftlicher Art hinweg, doch in eigener Einschätzung »dies Kleinod, in die Silbersee gefaßt« (William Shakespeare) geblieben sein – wie ich hinzufügen muß, mit einigem Recht. Auch unterscheiden sich die

Engländer immer noch vom Rest der Welt entschiedener als, sagen wir, die Deutschen von den Franzosen, Belgiern, Holländern, Dänen.

Wiederum heißt hier das Schlüsselwort: Zurückhaltung. Sie bildet jene heimliche, nie streng gezogene menschliche Grenze, die auf den Britischen Inseln entschiedener respektiert wird als auf dem Kontinent.

Man hat sie früher im feinen Unterschied gesehen, der den Herrn, Monsieur oder Signore vom Gentleman trennt, aber das stimmt in Zeiten, da sowohl Gentlemen als auch Herren selten geworden sind, längst nicht mehr; wahrscheinlich hat es nie ganz gestimmt.

Ein praktisches Beispiel. Ich habe es kürzlich gelesen, und zwar in einem Vorwort, das Christopher Morley dem *Gesammelten Sherlock Holmes* von Sir Arthur Conan Doyle beigegeben hat:

»Doyle selbst«, liest man, »muß ein ungewöhnlich liebenswerter Mensch gewesen sein. In seinen ›Memories and Adventures‹, seinen Memoiren, findet sich eine Anekdote, die den feinen Instinkt der Rücksichtnahme in seiner überragenden Persönlichkeit am besten zum Ausdruck bringt.« Die Anekdote bezieht sich auf einen Besuch beim greisen Romanautor George Meredith, der den Gast einen steilen Pfad hinauf zu einem Sommerhäuschen führt, in dem die meisten seiner Romane entstanden waren. In Doyles eigenen Worten: »Das Nervenleiden, das ihn (Meredith) plagte, ließ ihn hin und wieder zu Boden stürzen. Als wir den engen Pfad aufwärts schritten, hörte ich, wie er hinter mir hinfiel, hörte aber auch, daß es nur ein Ausgleiten gewesen sein konnte, denn er rappelte sich gleich wieder hoch, konnte sich also nicht ernsthaft verletzt haben. Deshalb ging ich weiter, als hätte ich nichts gehört. Er war ein ungemein stolzer alter Herr, und mein Instinkt sagte mir, daß seine Beschämung größer gewesen wäre als die Hilfe, die ich ihm hätte leisten können.«

Ganz gewiß würde nicht jeder Engländer so handeln – man möchte es sogar hoffen –, aber wie eine Bilderbuchgeschichte verweist dieser Vorfall mitsamt seinem Kommentar eines Spätergeborenen, wie tief eingeprägt das Ideal absoluter Rücksichtnahme dem englischen Geist doch ist. Man läßt niemanden das Gesicht verlieren, und sei es durch vielleicht sogar dringend notwendige Hilfeleistung; man muß unter Umständen einen verehrten alten Mann ohne Wimpernzucken hinfallen lassen, wozu Morley folgendermaßen Stellung nimmt: »Es läßt sich keine bessere Offenbarung eines Gentleman vorstellen als diese.«

Der Umgang mit den Mitmenschen beruht bei uns auf Formen, die sich zwar ändern und die sogar mißachtet werden können, die jedoch erlernbar sind wie mathematische Regeln oder unregelmäßige Verben einer fremden Sprache. Der Engländer hält sowohl Umgangsformen als auch, in engem Zusammenhang mit ihnen, Zurückhaltung eher für eine Angelegenheit des Instinkts. Instinkt hat untrüglich zu sein, oder es ist fehl am Platze, von ihm zu sprechen. Ein Gutteil englischer Zurückhaltung besteht aus Unentschiedenheit, weil es streng genommen instinktive Manieren nicht gibt, gar nicht geben kann.

Es mag immerhin sein, daß der englische Instinkt ein kurzes Zögern vorsieht oder vorschreibt. Herzliche Kontakte über überschwenglichen Enthusiasmus, bittere Gefühlsäußerungen und laute Anklagen gibt es in Großbritannien nicht seltener als bei uns (und keineswegs nur bei den pathetischen Wetterberichtssprechern im Fernsehen). Aber sie scheinen erlaubt nur nach einem kurzen, doch merklichen Zögern.

Zurückhaltung ist – wie wahrscheinlich alles, was es überhaupt gibt auf dieser Welt – die Kehrseite einer Medaille.

Ich halte zwar die Engländer – aus Erfahrung – nicht eben für eine leidenschaftliche Nation, wohl aber für eine intuitive. Es steckt viel Ratio in ihr, aber ebensoviel Irrationalität. Mag man Zurückhaltung für eine Tugend erachten, das Herz sitzt dort, wo es hingehört, nämlich auf dem rechten Fleck. Zeigen darf man es erst nach einigem – erlernten, instinktiven, koketten, abwartenden, auf jeden Fall deutlichen – Zögern.

Aber niemals laut. Man kann Englandbesuchern nicht oft genug empfehlen, ihre gewöhnlich und vor allem im Ausland überlauten Stimmen zu dämpfen. Man erhebt seine Stimme nicht, schon gar nicht bei Auseinandersetzungen. Die Engländerin, ohnedies mit einer Stimmlage versehen, die, sehr hoch, bis fast zum Diskant reicht, spricht, wenn sie aufgeregt ist, überrascht wird oder jemandem etwas zurufen will, nicht lauter, sondern eine weitere Oktave höher, was im übrigen die Eigenart maritimer Völker sein soll. Es hat mir noch keiner den Grund erklären können, aber Frauen seefahrender Völker sollen höhere Stimmlagen besitzen als solche des Binnenlandes.

Wenn es trotzdem einmal – lauten oder leisen – Streit gibt, werden Sie entdecken, daß der eine oder andere Kontrahent plötzlich lächelt, wenn auch noch so krampfhaft. Dann hat er eine uralte englische Regel angewandt, die sonst nur amerikanische Fotografen bei Starporträts benutzen, er hat insgeheim *cheese* geflüstert, was nicht nur die Gesichtszüge entspannt, sondern auch das Gemüt.

Vielleicht sind Zurückhaltung und Lebensart doch eine Sache des Instinkts. Zumindest in England.

If you speak English, speak English!

Sollten Sie perfekt Englisch sprechen, was viele Deutsche von sich glauben, seien Sie nicht überrascht, wenn man Sie trotzdem nicht für einen Engländer hält. Es ist weniger der oft parodierte deutsche Akzent, an dem Sie identifiziert werden, als die Tatsache, daß die Deutschen seit Kriegsende eher nach Amerika orientiert sind als nach Großbritannien.

Das gilt ein wenig sogar für die Engländer selbst. Was *cookies* sind, wissen sie inzwischen genau, vor allem aus den amerikanischen Fernsehserien, die im *telly* natürlich unsynchronisiert laufen. Aber kein Mensch würde beim Kaufmann *cookies* verlangen, man fragt nach *biscuits* oder *small cakes*. Ich habe mich lange gewundert, warum mich die meisten Leute für – ausgerechnet! – einen Neuseeländer hielten (und beim zweiten Tip für einen Australier), bis mich ein Freund aufklärte. Als Kriegsgefangener habe ich drei Jahre lang in den Vereinigten Staaten gedolmetscht, mich aber später bemüht, *Oxford English* zu sprechen. Die Tatsache, daß ich bisweilen amerikanische Ausdrücke hochenglisch ausspreche, verriet und verrät mich als einen *foreigner* oder, wie man – sehr viel unfreundlicher – in Cornwall sagt, einen *emmet* (was fast schon so schlimm ist wie ein *wog*, das englische Gegenstück zu unserem »Kanaken«).

Wir Deutsche sind ja, nicht nur nach englischem Vorurteil, sondern tatsächlich, ein bißchen pedantisch und pingelig (*fussy*). Wer sich nach dem Brauch des Landes – *when in Rome, do as the Romans do* – richten möchte, der benutze, wenn er schon einigermaßen fließend Englisch spricht, möglichst die englischen und nicht die amerikanischen Ausdrücke. Die Engländer haben in den meisten Fällen nichts gegen die Amerikaner, aber sie empfinden es als Höflichkeit, wenn man einen Lastwagen nicht als *truck* bezeichnet, sondern als *lorry* oder *van*. Das Gepäck heißt *luggage*, nicht *baggage*, das Papiergeld besteht aus *notes*, nicht aus *bills*, das *one-way-ticket* heißt *single* (die Rückfahrkarte nicht *round-trip-ticket*, sondern *return*). Ein *baby carriage* ist ein *perambulator*, kurz *pram* genannt, Müll nennt sich nicht *rubbish*, sondern *dust*. Der *conductor* im Zug ist ein *guard*. Bonbons sind *sweets*, nicht *candies*, einen *store* nennt man besser *shop*, das Benzin heißt nicht *gas* (das bedeutet in England Gas, wie bei uns), sondern *petrol*, die Eisenbahn ist eine *railway*, keine *railroad*, der *terminal* ein *terminus*, der Herbst kein *fall*, sondern ein *autumn*, die *vacation* bezeichnen sich als *holiday*, die *line* ist eine *queue*, die *street car* (auch wenn sie *Desire* heißen sollte) eine *tram*, der *elevator* ein *lift* und so weiter und so fort. Der Teufel liegt, wie meist, im Detail. Übrigens auch der bereits erwähnte *roundabout* wird in den USA anders bezeichnet, nämlich *traffic circle* oder *rotary*.

Was seine Sprache betrifft, so kann der Engländer sehr empfindlich sein. Als ich einmal in einem Gemüsegeschäft *beets* verlangte (rote Bete), verstand der *store keeper* – Entschuldigung: *shopkeeper* – (angeblich) nicht, was ich wollte. Als ich auf die Ware wies, verbesserte er mich in unnachahmlichem RP-English (auf das wir später noch zu sprechen kommen): *beetroots* meinen Sie, und er fügte hinzu: *That's the bad American influence!*

Das könnte auch einem Autofahrer passieren, der seine *windshield*, seine Windschutzscheibe, an der Tankstelle reinigen lassen möchte. In England versteht man unter dieser Bezeichnung ein Fliegenfenster, eine Windschutzscheibe nennt sich *windscreen*. Der *second floor* in den USA ist ein *first floor* für die Briten, ein *druggist* firmiert als *chemist*, der *sidewalk* (Bürgersteig) heißt *pavement*, ein *apartment* ist ein *flat*; der Durchlauferhitzer wird hier nicht *water heater*, sondern *geyser* genannt, die Pause im Theater nicht *intermission*, sondern *interval*. Die Motorhaube des Autos, in Amerika als *hood* bezeichnet, heißt in England *bonnet* (Hut).

Daß Engländer und Amerikaner vieles gemeinsam haben, nur die Sprache sie trennt, beruht auf einem vielfältig und variabel benutzten Bonmot George Bernard Shaws. Karikaturen treffen ins Schwarze durch Übertreibung. Tatsächlich handelt es sich bei dem amerikanischen Englisch um die historisch richtigere Sprache, die Rudimente eines Englischs, wie es im 17. Jahrhundert vor allem in den südlichen Grafschaften, um London herum, gesprochen worden ist. Einflüsse anderer Einwanderer, aus der Pfalz zum Beispiel, aus Nordirland oder den slawischen Ländern, sind unverkennbar, vor allem in Aussprache, Art und Tonlage die der schwarzen Bevölkerung. Trotzdem: Jene breite, auf das harmonisch schöne »a« fast ganz verzichtende amerikanische Aussprache, die sich für englische Ohren reichlich ungeschlacht anhört, ist unverfälschteres Englisch als das heute in England gesprochene. In manchen einsamen Bezirken in den Alleghenies oder den nördlichen Appalachen haben sich bis in unsere Tage original-englische Dialekte des 17. und 18. Jahrhunderts erhalten. Wenn es in einem einst populären Schlager über die Unterschiede amerikanischer und englischer Mundart hieß: *I say tomato and you say tomato*, wobei das amerikanische Wort wie »tomehto«, das englische wie »tomahto« ausgesprochen wurde, handelt es sich, unseren gewöhnlichen Vorstellungen zum Trotz, bei »tomehto« um zumindest die ältere, wenn auch nicht zwangsläufig korrektere Form.

Sprachen wandeln sich, oft sogar auf künstliche oder gekünstelte Weise. Das Hochdeutsche ist auf der Basis des Dialekts, wie er um Hannover herum gesprochen wurde und wird, durch Martin Luthers Bibelübersetzung entstanden. Das »Hochenglisch« wurde im 18. Jahrhundert von den oberen Klassen entwickelt, die plötzlich Wert auf gute Erziehung, gutes Benehmen und gute Sprache legten, und das wohl vor allem, um sich von den unteren Klassen abzuheben. Es wird als *Oxford English*, bisweilen sogar noch als *The Queen's English* – *The King's English* nach dem 1906 erschienenen populären Buch der Brüder Fowler – bezeichnet, heißt aber in England vor allem *received pronunciation* und wird bei der ausgesprochenen Vorliebe der Engländer für Abkürzungen meist schlicht und einfach RP genannt. *Receive* heißt sowohl jemanden formell willkommen heißen als auch (Rundfunk- beziehungsweise Fernsehsendungen) empfangen.

Die RP definiert der Collins folgendermaßen: »Ein Klassendialekt, der in den Privatschulen aufblühte, den älteren Universitäten, den Gerichtshöfen, den oberen Rängen des Militärs, dem Beamtentum, der BBC und natürlich dem königlichen Hof. Auf einem gut verständlichen Lautsystem beruhend, wurde es charakterisiert von einer wohltuenden Stimmlage, einem rhythmischen, dabei ungehetzten Sprachfluß und einer genauen Artikulation, die weder im Stakkato vorgebracht wurde noch mit Pedanterie in der Betonung der einzelnen Wörter oder allzu festem Stimmansatz, auf jeden Fall aber ohne jede Spur regionaler Dialektanklänge sein mußte.«

Das RP-Englisch ist, wie gesagt, schon früh entstanden, freilich erst im 19. Jahrhundert, als der spätere Georg IV. die Regentschaft für seinen in geistige Umnachtung gefallenen Vater Georg III. innehatte, ausgebildet worden. Unter Königin Viktoria wurde es dann bis zu jener Affektiertheit stilisiert, die dem Oxford-Englisch häufig vorgeworfen worden ist (und die die Amerikaner nicht mitgemacht haben).

Der RP-Sprache verdanken wir bis heute die Aussprache des Gewürzes Curry als »Körri«, indes der Engländer nach wie vor (oder wieder) »Karri« sagt. Noch meine Eltern besuchten die Oper »Madame Bötterfleih«, gemäß RP-Aussprache, die das eigentlich wie ein hartes »a« ausgeprochene »u« im Englischen mit einem Mischklang aus »a« und »ö« versah. Ähnlich wie die Endung »ire« von einem klassischen BBC-Sprecher niemals wie »eir« ausgesprochen würde, sondern, etwa im Wort *Empire*, wie »Empeiäh«, unter bewußt verschlucktem »r«. Mag selbst einem betont englischen Engländer diese Aussprache allzu prätentiös erscheinen – und *to be unpretentious* gehört seit je zu den Gepflogenheiten des Landes –, es ist noch heute ein Genuß, dem (siehe oben) ungehetzten Sprachfluß des RP-Englischs in wohltuender Stimmlage und genauer Artikulation zu lauschen. Die Sprache klingt dann wie Musik.

Das tut sie heutzutage fast nur noch in sehr altmodischen Kreisen oder auf der Bühne, wenn Klassiker gespielt werden, vor allem Shakespeare, der allerdings alles andere als Oxford-Englisch gesprochen haben muß. Früher war die BBC führend darin, wie in manchem anderen; sie galt bis hinein in die fünfziger Jahre oder sogar noch länger zu Recht als die beste Rundfunkgesellschaft der Welt. *Received* wurde von der BBC – ob Nachrichten, Hörspiel oder Feature – eine unnachahmliche *pronunciation*, der man bisweilen noch begegnet.

Noch vor zehn, zwölf Jahren hätte ich jedem, der gutes Englisch zu hören und lernen wünschte, empfohlen, sooft wie möglich BBC zu lauschen. Den Ratschlag muß man modifizieren. Auch die BBC ist inzwischen mit der Zeit gegangen, welche über RP hinwegzugehen droht. Selbst von BBC-Sprechern hört man heute alle möglichen Dialektanklänge, die bis ins Unverständliche reichen. Und der Tip gilt nicht – oder doch nicht allgemein – fürs Fernsehen und schon gar nicht für die vielen regionalen Rundfunk- und Fernsehsender, die inzwischen Großbritannien wie ein Spinnennetz überziehen. In ihnen wird oft waschechter Lokaljargon gesprochen, den man sich nicht aneignen sollte. Man stelle sich nur einen gut Deutsch sprechenden und verstehenden Engländer vor, der nach Stuttgart kommt und dort Nachrichten hört, die in bestem Schwäbisch vorgetragen werden: Ob er den Inhalt begreift? In der Gegend, in der ich zeitweilig lebe, ist im Rundfunk so oft von »Lundun« die Rede, daß ich manchmal versucht bin, die englische Hauptstadt auf die gleiche Art auszusprechen.

Wie überall in Europa hat man in England den Reiz regionalen Sprachklangs wiederentdeckt, was dem Fremden, auf RP geeichten Ausländer mitunter das Verstehen erschwert. Obwohl selbst nicht frei von (deutschen) Dialektanklängen, möchte ich daher an alle Besucher der Britischen Inseln appellieren, durch gutes Beispiel voranzugehen. Es liegt in unserem eigenen Interesse, das langsam, aber sicher zurückgedrängte gute, gepflegte Englisch zu unterstützen. Mag Arroganz heute weniger angebracht sein denn je, das schöne, musikalische, deutliche, harmonische Englisch, man nenne es, wie man will, nach Oxford, der Königin oder *received pronunciation*, sollte erhalten bleiben.

If you speak English in Great Britain, please speak English!

Die Haselnuß als Oberst

Aber auch wenn klares, eindeutiges RP-Englisch gesprochen wird und Sie es fließend akustisch und dem Wortlaut nach verstehen, werden Ihnen in Film, Theaterstück, Musical, Revue oder Pantomime viele Ausdrücke unverständlich bleiben, wahrscheinlich sogar die meistbelachten Pointen. Denn wieder einmal, wie in England üblich, erweist sich auch das Gegenteil als richtig. Sosehr der Brite seine Sprache versimpelt, sosehr liebt er auch ihre unendliche Verkomplizierung. Jeder Englisch-Lernende kennt diese Kehrseite der Medaille, wo sich oft auch das Gegenteil als richtig erweist. Man denke nur an die vielen Ausnahmeregeln, die die anfangs so leicht erlernbare Sprache im Laufe der Zeit immer schwieriger machen.

Die reichhaltige Nonsens-Literatur mit den Klassikern Edward Lear und Lewis Carroll sind in diesem Bereich nur die Spitze des Eisbergs, und Sonderformen dieser Dichtung wie der Limerick – *There was an old person of Bar, / Who passed all her life in a jar, / Which she painted pea-green, to appear more serene, / That placid old person of Bar* – erscheinen geradezu allgemeinverständlich, selbst für Ausländer. Hingegen können die anscheinend harmlosesten Songs oder Dialoge, in den Theatern, aber auch im Alltag, bis zum Platzen angefüllt sein mit blitzschnellen Anspielungen, die auf Reimen (oder ihrem Gegenteil) beruhen. Meist handelt es sich um Wortspiele, die ein Ausländer (zu denen man auch die Amerikaner zählen muß) erst beim dritten oder vierten Zuhören und womöglich nur unter Zuhilfenahme eines Wörterbuchs begreifen kann.

Zum Beispiel: Ein sehr populäres Chanson der dreißiger Jahre von Arthur Wimperis, dessen erste Zeile lange Zeit sprichwörtlich wurde und die heute noch sehr bekannt ist, lautet: *I'm Gilbert the Filbert, the Colonel of the Nuts*, also: »Ich bin Gilbert, die Haselnuß, der Oberst aller Nüsse«, ein Nonsens-Vers, der auf gleich mehreren Wortspielen beruht. Statt *Colonel* muß es eigentlich heißen *kernel* (Nußkern), und *the nuts* sind nicht nur die Nüsse, sondern auch die Verrückten, übrigens klingt auch *knuts* an, die Gecken oder Dandies.

Noch komplizierter wird es, wenn der sogenannte *rhyming slang* angewendet wird. Er ist als Geheimsprache unter den fliegenden Händlern und Hökern des frühen 19. Jahrhunderts im Londoner East End entstanden und rasch Allgemeingut geworden. Ursprünglich gedacht, um sich selbst im Beisein desjenigen, der betrogen werden sollte, über die dafür geeignetste Prozedur unterhalten zu können, ist die witzige und nicht ungeistreiche Gaunersprache den Engländern so in Fleisch und Blut übergegangen, daß diese sie noch heute auf der Bühne, aber auch im normalen Leben und sogar Fremden gegenüber gern anwenden. Es gilt, beim Hören eines bestimmten Wortes den jeweiligen Reim zu finden, der sich sozusagen von selbst aufdrängt. Erst dadurch gerät man auf die Spur jenes Begriffs, der in Wirklichkeit gemeint ist.

Was reimt sich also auf *bees and honey* (Bienen und Honig)? *Money* selbstredend, von ihm ist also die Rede, wenn jemand von »Bienen und Honig« spricht. Auf *Cain and Abel* reimt sich *table* (Tisch), auf *Scapa Flow* der Befehl *go!* (ab mit Dir!). *Mutt and Jeff* bedeutet *deaf* (taub), *whistle and flute* (Pfeife und Flöte) *suit* (Anzug), *trouble and strife* (Verdruß und Streit) *wife* (Ehefrau).

Um das sofort umzusetzen, muß man schon ein helles Köpfchen und ein rasch agierendes Sprachvermögen besitzen, um so mehr, als der *rhyming slang* mit vielen Ab- und Verkürzungen arbeitet, bei denen oft gerade das Reimwort ausgelassen wird. *My old Dutch* (meine alte Holländerin) bedeutet zum Beispiel *my old wife*, auf dem Umweg über *Duchess of Fife* entstanden. Die *Duchess* der schottischen Grafschaft Fife fällt jedem Engländer sofort als Figur eines der bekanntesten Limericks ein, wenn von *Dutch*, hier eine Kurzform von *Duchess* (Fürstin), die Rede ist. Ähnlich verzwickt ist das Wortspiel bei *my old china* (mein altes Porzellan), was soviel wie »mein alter Kumpel« bedeutet (über *china plate-mate*). Sollten Sie einmal irgendwo im East End versacken, und Ihre zwei neuen Freunde reden von einem Marmeladenglas (*jam jar*): passen Sie auf! Die beiden haben es auf ihr Auto (*car*) abgesehen! *Tit for tat* (Schlag für Schlag), allerdings nur wie »titfer« ausgesprochen, steht für *hat* (Hut), *pork pies* (Schweinefleischpasteten), als »porkies« apostrophiert, für *lies* (Lügen).

Aus diesem *rhyming slang* sind unzählige Ausdrücke sogar in den festen Sprachgebrauch eingegangen. Eines der bekanntesten Beispiele ist *use your loaf* für »benutze deinen Verstand« (oder besser: Grips), entstanden aus dem Reim *loaf of bread* (Brotlaib) auf *head* (Kopf).

Die Beispiele für *rhyming slang* habe ich im *Dick‹ N'Arry* von Bill Snibson gefunden. *Dick'N›Arry* (Dick und Harry) sind ein englisches Cockney-Äquivalent für die Deutschen Hinz und Kunz und bilden natürlich ein Homonym für das Reimwort *dictionary* (Lexikon). Diese in England gar nicht einmal so geheime Geheimsprache wurde im Krieg sehr gefördert, weil sie für fremde Ohren – feindliche wie verbündete – so gut wie unverständlich bleiben mußte, obwohl man nichts zu verschlüsseln brauchte.

Gilbert the Filbert als Geheimdienstoberst.

Gotta Lotta Bottle – kurzer Ausflug ins Cockney

Die Klage freilich, daß die meisten Engländer nicht richtig Englisch können, ist so alt wie vermutlich die englische Sprache. Schon Geoffrey Chaucer, der Vater der englischen Literatur, hat sie ausgestoßen. Sie ist im Laufe der Zeiten nie verstummt und kann sogar tröstlich sein. George Mikes schreibt, er habe in seinen ersten Jahren in England gerade aus der Tatsache, daß kein Mensch dort perfekt Englisch sprach, Genugtuung und Mut geschöpft.

Tatsächlich geht der Mann (oder die Frau) auf der Straße auffallend schlampig mit der Sprache um, ja, bewußte Unrichtigkeiten (›er said to we‹ – sie sagte uns) gehören in manchen Dialekten, auch dem berühmten Londoner Cockney, zum guten oder weniger guten Ton. Wenn man ehrlich ist, muß man sogar gestehen, daß selbst die darin schlecht beleumundeten US-Amerikaner ihr Englisch sprachbewußter und konsequenter handhaben als die meisten Engländer. Sie – die Amerikaner – pflegen ihre eigene Aussprache, die, wie wir gehört haben, die ursprüngliche englische ist, ihr *pass*, *dance* oder sogar *aunt*, was sich alles wie »päss«, »dänz«, »änt« anhört, ihr *either* oder *neither*, das sie ganz wie die Engländer früher (und die Iren heute noch) wie »iither« oder »niither« aussprechen und nicht wie die Engländer mit einem »ei«. Das »a« bei *pass, dance, aunt* oder auch *tomato* soll durch die Musik, die italienische Sprache vor allem, ins RP gedrungen sein, das »ei« ebenfalls, allerdings da durch das deutsche »Lied«. Aber wie dem auch sei, erst jüngst hat Henry Stanhope einen mahnenden Artikel in der *Times* mit der Überschrift *Wanted: A new Enry Iggins* überschrieben.

Er verwies damit auf eine Komödie, die den schlampigen Umgang der Engländer mit ihrer Sprache sogar zu ihrem Hauptthema gemacht hat, auf George Bernard Shaws *Pygmalion*. Durch die Musical-Fassung als *My Fair Lady* konnte sie sogar ungeachtet der Sprachbarrieren weltweite Popularität erreichen. Henry Higgins will das Londoner Blumenmädchen Eliza zu einer Lady umerziehen und muß ihr als erstes (*Why can't the English learn to speak?*) ihren fürchterlichen Cockney-Jargon austreiben, in dem unter anderem das Anfangs-H verschluckt wird. Ihr Lied *Just you wait, Henry Higgins* mit dem »white« statt *wait* und eben »Enry Iggins« bringt diese Aussprache drastisch zum Ausdruck.

Dabei ist *cockney* ebenso schmeichelhafter- wie verwirrenderweise nicht weniger nachgeahmt und manchmal nachgeäfft worden wie das Oxford- oder RP-Englisch. Durch Musiker wie Mick Jagger haben ganze Generationen von Jugendlichen in aller Welt statt Englisch unverfälschtes Cockney gelernt. Auf Plakaten begegnet man nicht nur in London oder in Südengland der Cockney-Sprache, wobei der Slogan des *Milk Marketing Board: Drinka Pinta Milka Day* so etwas wie Berühmtheit erlangte. Wissenschaftler haben schon nachgewiesen, daß der Londoner Dialekt auch die Grundlage des australischen Englischs gebildet hat, zurückzuführen auf die ersten Landungen von Sträflingen in Botany Bay, was auch für Neuseeland und Südafrika gilt.

Pygmalion von Shaw mag die beste aller Komödien über dieses innersprachliche Englisch-Problem sein; es ist keineswegs die einzige. Eine Fülle von Stücken und Musicals wie *Me and my Girl* (mit dem mißreißenden *Lambeth Walk*) oder *Georgie Girl* basieren darauf und beziehen aus ihm ihre unvergleichliche Komik.

Überdies gelingt es den Engländern, mit einem Minimum von Vokabeln zumindest im Alltagsleben auszukommen. Keine andere Sprache hätte sich geeignet, ein *Basic English* zu entwickeln, das nicht mehr als 1000 Wörter enthält, mit denen man sich (angeblich) über alles verständigen kann. In der Parodie des George Mikes: »Wenn man lange genug hier lebt, wird man zu seinem Erstaunen feststellen, daß das Adjektiv ›nice‹ nicht das einzige ist, das die Sprache besitzt, im Gegensatz zur Tatsache, daß man in den ersten drei Jahren kein anderes Adjektiv erlernen oder benutzen muß. Man kann sagen, das Wetter sei ›nice‹, das Restaurant ist ›nice‹, Frau Sowiesos Kleid ist ›nice‹, man hatte eine ›nice time‹, und all das ist überhaupt ›very nice‹.«

Davon kann jeder, der Englisch als Umgangssprache lernen will, profitieren. Weniger empfehlenswert ist es jedoch, sich das selbst in der Reklamewelt immer stärker vordringende Cockney (*Gotta Lotta Bottle* – etwa: viel Flasche gekriegt) aneignen zu wollen, es sei denn, man gehöre der Teenager- oder Twen-Generation an und schwärme für englische Pop-, Rock- oder Discogruppen, die das Cockney so weltweit verbreitet haben und verbreiten wie einst die BBC das gepflegte RP-Englisch.

Als erster hat Thomas Sheridan, der Sohn des irischen

Dramatikers Richard Brinsley Sheridan (*Die Schule der Skandale*), im 18. Jahrhundert die korrekte (und unkorrekte) Aussprache des Englischen in einem Lexikon festgehalten. Vor dieser Zeit, zum Beispiel auch hinsichtlich der Sprache Chaucers oder Shakespeares, sind wir auf Vermutungen oder Wortspiele und Reime angewiesen, aus denen hervorgeht, wie sich ein bestimmtes Wort angehört haben mag oder muß.

Sheridan über das Englisch, wie es seinerzeit – aber, wie man sehen oder hören wird, auch noch heute – in London gesprochen wurde: »Zwei verschiedenen Arten von Aussprache sind vorherrschend; durch sie unterscheiden sich die Einwohner des einen Teils der Stadt von denen des anderen. Die eine, die hauptsächlich in der Innenstadt (City) verbreitet ist, wird Cockney genannt; die andere, die man bei Hofe spricht, heißt ›die höfliche Ausdrucksweise‹ (polite pronunciation).«

Cockney kommt übrigens von *coken-ay*, was Hahnenei bedeutet, also etwas Unbedeutendes, Absurdes, Wertloses. Damit tut man dem immerhin sehr ausdruckskräftigen und weitverbreiteten Londoner Dialekt sicher unrecht. Trotzdem sollten wir *foreigner* es mit der höflichen Ausdrucksweise halten, in jederlei Wortsinn.

Dazu schlagen Sie am besten eine britische Zeitung auf. Zu England, zur englischen Atmosphäre und Lebensführung gehört die Zeitungslektüre. Die Engländer sind immer noch, allem Fernsehen zum Trotz, große Zeitungsleser. Die auflagenstarken Boulevardblätter, voran *The Sun*, unserer *Bild*-Zeitung vergleichbar, sind zwar auch nicht immer im allerbesten Englisch verfaßt, aber sie informieren den Fremden immerhin über die Tages-Schlagworte (*The Star, The Mirror, Daily Mail*).

Beispielhaftes Englisch liest man in den *quality papers*, den Qualitätszeitungen, an denen man frühmorgens beim Einkauf so prächtig die politischen Vorlieben seiner Nachbarn erkennen kann. *The Times*, immer noch eine der besten Zeitungen der Welt, obgleich zum selben Konzern gehörend wie *The Sun* (das wäre, als ob bei uns die *Frankfurter Allgemeine* und *Bild* im selben Verlag erscheinen würden), ist rechtsliberal, solide, konservativ. Ihr Gegenstück, *The Guardian*, läßt sich als linksliberal einstufen. Zwischen beiden bewegt sich ein neues Blatt, das auf Anhieb einigen Erfolg gefunden hat, *The Independent*, der sich im Layout und der Seitengestaltung mehr an der *Times*, in den Leitartikeln mehr am *Guardian* orientiert. Ganz rechts angesiedelt ist der bewußt »klassisch« gestaltete *Daily Telegraph*, ganz links der *Morning Star*. Wirtschaftlich Interessierten mit und ohne *bowler hat* sei die *Financial Times* empfohlen, die auf zartrosa Papier erscheint und daher jeden klugen Kopf, der sich in der *tube* hinter ihr versteckt, sofort kenntlich macht. Sie enthält übrigens auch eine vorzügliche und vielbeachtete kritische Feuilletonseite.

Die britische Zeitungslandschaft ist mit diesen *national papers* allerdings bei weitem nicht erschöpfend abgehandelt. Eine Fülle oft vorzüglich redigierter Regionalzeitungen ergänzt das Angebot, hinzu kommen unzählige kleine Blätter, von denen jede Kleinstadt mindestens eines hat.

Und schließlich gibt es noch die Sonntagszeitungen. Ihr Einfluß und ihre Wirkung mag nicht so groß sein, seit sich der Sonntag, der englische Sabbat, erheblich liberalisiert hat. Früher war er ereignislos, ohne Theater-, Kino-, Konzert- oder Sportveranstaltungen. Einst die so gut wie einzige Sonntagsunterhaltung – mit Ausnahme des obligaten Kirchgangs –, hat die *Sunday paper* inzwischen erhebliche Konkurrenz bekommen. Zwar ist es pro forma in Großbritannien immer noch verboten, zum Beispiel bei Sportveranstaltungen am Sonntag Eintrittsgelder zu kassieren, aber man kann ins Kino und Theater gehen, auch Fußball-, Handball- und Cricketspiele finden statt. Suchen Sie bei letzterem die versteckt liegende Eingangspforte, die freien Sonntagseintritt garantiert! Selbst gewieften Engländern bleibt sie oft verborgen, und sie benutzen dann, um das Ereignis nicht zu versäumen, das Haupttor, an dem, sobald ein anderes vorhanden, die Karten verkauft werden dürfen.

Trotzdem schlägt die Sonntagszeitung als Medium immer noch alle anderen Angebote. Mag der Durchschnittsleser seine meist zerknüllt bei sich getragene Tageszeitung mehr oder weniger überfliegen, sein Sonntagsblatt liest er. Anspruchsvoll sind die *Sunday Times* und der *Sunday Telegraph*, Englands älteste Zeitung. Leichter kommen *Sunday Mirror*, *News of the World* und *The People* daher, manchmal sogar mit dezenten Nuditäten auf der dritten Seite wie in der *Sun*, dem ständigen Ärgernis der Prüden und der Puritaner, einer in England noch immer einflußreichen Gesellschaftsschicht.

In *My Fair Lady* stößt Doktor Higgins den – oft nur allzu berechtigten – Stoßseufzer aus: *Why can't the English learn to speak?* Das Lesen muß man ihnen nicht erst beibringen.

Die irdische Gerechtigkeit im Zahlenvergleich

Das folgende Kapitel wird Ihnen nur dann gute Dienste leisten, wenn Sie entweder in Großbritannien mit dem Gesetz in Konflikt geraten (was wir nicht hoffen wollen) oder eben dieses Gesetz für ihre Belange nutzen möchten. Letzteres dürfte – dreimal gegen Holz geklopft: *touch wood!* – wahrscheinlicher sein. So haben sich, seit Großbritannien in die Europäische Gemeinschaft eingetreten ist, manche Deutsche für einen Ferien- oder Alterssitz in England, Schottland, Wales entschlossen, weil zum einen die Grundstücks- und Häuserpreise drüben, zumindest außerhalb Londons, noch nicht in derart astronomische Höhen geklettert sind wie bei uns, zum anderen ihnen das Klima, und wenn dieses nicht, so doch das menschliche Klima besonders zusagt. Recht und Rechtsprechung sind nämlich in Großbritannien eigene Wege gegangen und haben ganz andere Formen gefunden als hierzulande. Eben deswegen sollte man sie näher kennenlernen. Sie sind ein Teil Englands, ein wesentlicher sogar, und ein Grund, warum Engländer eben doch anders sind als Kontinentaleuropäer und auch wohl anders bleiben werden.

Im ersteren Fall mag Ihnen zur Beruhigung dienen, daß aufgrund eben dieses Systems eine Untersuchungshaft im allgemeinen sehr viel kürzer ausfällt als in

Deutschland. Im zweiten Falle müssen Sie sich an einen *solicitor* wenden.

Die Trennung der Juristen in zwei verschiedene Arbeits- oder Berufswege, fast sogar Klassen, kennen wir bei uns nicht. Beide, *solicitor* und *barrister*, müßte man in Deutschland als Rechtsanwalt bezeichnen, doch trennt sie ein himmelweiter Unterschied. Die *solicitors* sind die Anwälte, die den unmittelbaren Verkehr mit dem rechtsuchenden Publikum führen, aber nur vor den unteren Gerichten auftreten dürfen. Die Anwälte, die vor den höheren Gerichten – mit den berühmten weißen Perükken – auftreten, sind die *barristers*.

Der Unterschied schlägt sich auch statistisch nieder. In England gibt es an die 70 000 *solicitors*, aber nur an die 5000 *barristers*. Das sind knapp halb soviel Juristen, wie allein in der alten Bundesrepublik (West) tätig waren. Auf jeden Fall gibt es sehr viel mehr Rechtsanwälte bei uns als in England.

Die Diskrepanz liegt wohl in der Hauptsache darin, daß man in England die Vorherrschaft der Juristen in Verwaltung und Wirtschaft nicht kennt. Derzeit sind in der Bundesrepublik Deutschland schätzungsweise 40 000 vollberuflich tätig, in England nur an die 9000, und im diplomatischen Dienst, der bei uns von Juristen geradezu beherrscht wird, findet sich in Großbritannien so gut wie keiner.

Damit ist die völlig andere Einschätzung des Juristischen hüben und drüben gekennzeichnet. Vertraut man hierzulande gern alles Wichtige dem Rechtskundigen an, so bleibt der Engländer in dieser Hinsicht eher mißtrauisch. Es gibt eine alte Geschichte, deren Pointe in solchem Zusammenhang gern herangezogen wird. Zwei

Ballonfahrer, die sich verirrt haben, stoßen im Tiefflug auf einen Juristen und fragen ihn: »Wo sind wir?« Die Antwort: »In einer Gondel, vier Meter unterhalb eines Ballons.« Die Auskunft ist, nach englischer Definition, »präzise, richtig und nutzlos«. Dem Präzisen und Korrekten in diesem Sinne gilt, wie man sieht, englischen Gemütern keineswegs alles Vertrauen. Man baut nicht unbedingt Häuser darauf.

Dafür hat der *solicitor*, bis jetzt wenigstens, eine Art Monopol auf den Kauf und Verkauf von Häusern. Dieses Monopol soll freilich demnächst – auf Betreiben der Banken, die ihre Kunden gern selbst beraten möchten – gebrochen werden, aber in England wird man auch in Zukunft weiterhin fast immer zum *solicitor* gehen. Die Prozedur ist festgelegt: Wann immer jemand ein Grundstück, ein Haus, eine Wohnung, ein *cottage* erwerben will, wird ein *solicitor* eingeschaltet, wie auch vom Gegenpart, dem Verkäufer. Der *solicitor* prüft die Verträge, stellt fest, ob sein Klient nicht übers Ohr gehauen wird, ist verantwortlich auch dafür, daß nicht etwa in das zu erwerbende Grundstück von der jeweiligen Gemeinde eine Straße, Schwimmhalle oder ein Kurmittelhaus gebaut werden soll, letzteres in England, einem Land ohne jede Kurtaxe, allerdings von vornherein unwahrscheinlich.

Die Methode ist äußerst bequem, wenn auch unter Umständen etwas teurer als bei uns. Der *solicitor* regelt alles, sogar Ärger mit Forderungen oder Eigenarten des Geschäftspartners. (»Auf diese Weise können wir uns über unsere Anwälte bis aufs Blut zanken und trotzdem persönlich gute Freunde bleiben«, pflegte mein Freund Jack zu sagen, von dem ich einst eine Ferienwohnung erworben habe.)

Der *solicitor* setzt auch den *exchange of contracts* fest, den Tag, an dem er mit seinem Berufsgenossen die wechselseitig unterschriebenen Verträge austauscht (danach kann keine Partei mehr ohne Konventionalstrafe, das heißt Geldverlust, zurücktreten). Werden bei *exchange of contracts* zehn Prozent der Kaufsumme fällig, so bei *completion date* der gesamte Preis. Am *completion date* erhält der Käufer die Papiere seines neuen Besitzes, den der Verkäufer zu diesem Datum verlassen haben muß. Nun kann die Eintragung ins Grundbuch erfolgen, das beim *land registry* (Grundbuchamt) verwahrt wird, welches es freilich nicht überall und in jeder Grafschaft gibt.

Da der Engländer weit mobiler ist als der Durchschnittsdeutsche und im Leben mehrmals (häufig sogar alle paar Jahre) Wohnung, Haus oder Grundbesitz zu wechseln pflegt, haben die *solicitors* alle Hände voll zu tun mit der Abwicklung. Um so mehr, als das Mieten von Wohnraum längst nicht so verbreitet ist wie bei uns und eher eine Ausnahme darstellt. Sein *home* ist dem Engländer nicht nur sein *castle*, sondern mit Vorliebe auch sein Eigenbesitz. Waren es 1901 nur zehn Prozent aller Engländer, die ein Haus ihr eigen nannten, sind es später, wie wir zuletzt 1987 erfuhren, mehr, nämlich bis dahin 63 Prozent geworden. *Exchanging contracts* wurde dadurch so wichtig, daß es inzwischen ein Monatsmagazin gleichen Namens gibt, das von den *solicitors* verteilt wird. Deren Monopol beim *house hunting*, wie man in Großbritannien das Spielchen »Von Haus zu Haus« nennt, hat jedoch in jüngster Zeit heftige Kritik erfahren, vor allem von den Banken, die am Ende die notwendigen Hypotheken (*mortgages* – bitte das »t« verschlucken!) geben, aber nicht zugunsten ihres Kunden eingreifen dürfen.

Ansonsten vertritt der *solicitor* seine Klienten bei niederen Gerichten, dem Friedensrichter vor allem, er setzt Testamente auf und dient so manchen älteren Leuten auch als eine Art Seelenfreund und Herzenströster. Der *family solicitor* gehört, wie schon der Name sagt, oft so gut wie zur Familie, in der er (beziehungsweise sein Nachfolger) vom Vater auf Sohn, Tochter, Enkel weitervererbt zu werden pflegt; er kennt seine Klienten meist wie ein Nervenarzt seine Patienten. Bei meinem eigenen *solicitor* erschien bis vor kurzem an jedem Mittwoch Punkt zwölf Uhr mittags eine uralte Dame im feinsten Sonntagskostüm, um regelmäßig ihr Testament zu ändern, was auch stets ohne Wimpernzucken geschah.

Ein besonderes Verdienst deutscher Emigranten ist es, daß das Armenrecht in England ausgebaut und besser organisiert worden ist – einen *solicitor* kann sich jetzt jeder leisten, was früher durchaus nicht der Fall war. Zudem gibt es jetzt *Law Centres* für die ganz Armen und solche, die Schwellenangst haben vor dem Rechtsanwaltsbüro. In den *Law Centres*, die sogar abends geöffnet sind, geben Jungjuristen Rat in allen Lebens- und Gesetzeslagen.

Der Unterschied zwischen *solicitor* und *barrister* ist wie der zwischen einem Hausarzt und einem Spezialisten. Auch der *solicitor* scheidet vor höheren Gerichten nicht unbedingt aus, er kann, wenn auch nur neben einem *barrister*, beteiligt bleiben, aber mehr auch nicht. Mit anderen Worten: Verträge schließen kann ausschließlich der *solicitor*, in Strafsachen und vor höheren Gerichten vertreten nur der *barrister*. Er spielt dabei eine weit wichtigere Rolle als seine Standesgenossen in Deutschland, weil er, zum Beispiel, die Zeugen selbst verhören darf, indes der Richter stets nur zuhört.

Solicitors gibt es in allen englischen Städten. Die meisten *barristers* haben ihre Kanzleien in London, in der Nähe der höchsten Gerichte. Bei ihnen spielt Tradition eine große Rolle. Ihre Arbeitszimmer, genannt *chambers*, erinnern an die Zellen mittelalterlicher gelehrter Mönche, und vor Gericht tragen sie die barocke Perücke. Sie müssen Mitglied einer der vier Juristenverbände sein, der sogenannten *Inns of Courts* – wie des berühmten, vielbesuchten und vielbestaunten Lincoln's Inn in London. Es sind Kleinstädte für sich mit Kirche und jener *Hall* als Mittelpunkt des Lebens, in der gemeinsam zu Mittag gegessen wird. An 24 *dinners* muß jemand teilgenommen haben, um nach seiner Zulassung ein Jahr lang bei einem *barrister* lernen zu dürfen. Ihm wird in der unmittelbaren Praxis beigebracht, wie man Zeugen vernimmt und vor Gericht aufzutreten hat. Ein vorheriges juristisches Studium, für den *solicitor* obligatorisch, ist beim künftigen *barrister* übrigens nicht unbedingt erforderlich. Nach 20 bis 25 Jahren kann er dann zum *Queen's Counsel* (Staatsanwalt) berufen werden, das heißt, er kann sich auf große Prozesse, Straf- und Zivilsachen, konzentrieren.

Die große Hoffnung eines jeden englischen *barristers* ist es jedoch, eines Tages Richter zu werden. Das geschieht auf Vorschlag des *Lord Chancellors* (Lordkanzlers), der der Regierung angehört, eine Art Justizminister, gleichzeitig oberster Richter des Landes und Vorsitzender des *House of Lords* (Oberhaus). In der offiziellen Rangordnung steht er zwar hinter dem Erzbischof von Canterbury, aber noch vor dem Erzbischof von

York und dem Premierminister, der erst an vierter Stelle folgt. Die Richter werden entweder auf seinen Vorschlag hin von der Krone oder von ihm persönlich ernannt. Die allerhöchsten Richter müssen allerdings, strenge Bräuche, der Krone vom Premierminister vorgeschlagen werden.

Es ist alleiniges Privileg des *Lord Chancellor* und der Krone, das Richteramt zu verleihen, und zwar ausschließlich an *barristers*. Es gibt in England (ohne Schottland, wo das System ein wenig differiert) überhaupt nur 480 Richter. In Deutschland sind es, zum Vergleich, an die 17000. Das Durchschnittsalter der englischen Richter liegt hoch, es beträgt 60 Jahre, während man bei uns schon mit 27, 28 Jahren diese Funktion bekleiden kann (in England erst zwischen 50 und 55 Jahren).

Ein Richter genießt denn auch ein ungleich gewichtigeres Ansehen als bei uns. Die höchsten Repräsentanten gehören zur Prominenz, ihre Namen sind allgemein bekannt und erscheinen fast täglich in den Spalten der Zeitungen, keinesfalls nur in den Gerichtsberichten. Ein englischer Richter bleibt übrigens Mitglied seines *Inn*, seines Verbandes, nicht jedoch seines Büros, das allerdings seinen Namen weiterhin führen darf. Er gilt daher auch – im Gegensatz zu den unsrigen – als ausgesprochen anwaltfreundlich, kommt er doch selbst aus diesem Stand.

Auf keinen Fall fühlt er sich als Beamter. Seine Laufbahn und seine Einstellung zum Staat wirken dieser Denkart entgegen. Er unterscheidet sich auch hierin vom deutschen Richter, der laut Grundgesetz ebenfalls nur dem Gesetz verpflichtet ist, aber zum Staat doch wohl ein – wie heißt es im Deutschen? – tragenderes Verhältnis besitzt.

Warum erstaunlicherweise eine derart geringe Zahl von Richtern einem so großen Land genügen, läßt sich nur durch die schon so oft zitierte Wendung »aus Tradition« erklären. Heinrich II. hat 1176 das Land in mehrere Kreise eingeteilt, in denen wechselseitige Gerichtstage (*assizes*) abgehalten wurden, zu denen die Richter aus London anreisten. Erst nach fast 800 Jahren – 1971 – wurde diese Regelung geändert. Aber noch immer sind die wichtigsten Straf- und Zivilprozesse den etwa 80 Richtern des *High Court* in London, der Elite des Richterstandes, vorbehalten. Sie bereisen weiterhin das Land und entscheiden in 25 Städten in zivilrechtlichen Verfahren (meist mit einem Streitwert von über 5000 Pfund) und führen in etwa 90 Städten den Vorsitz in den wichtigsten Strafprozessen (wie Mord oder Vergewaltigung).

Möglich wird diese Rechtsordnung jedoch nur, weil zum einen in England weitaus weniger prozessiert wird als bei uns (ebenfalls aus Tradition) und weil zum anderen 97 Prozent aller Strafverfahren vor Laienrichter kommen, die *Justices of the Peace* (Friedensrichter).

Dabei herrscht in Großbritannien keineswegs ein reines »Richter-Recht«, wie man oft hören oder lesen kann. Im Zivilrecht gibt es Gesetze, die man 1970 auf 3000 geschätzt hat, und im Strafrecht wird sogar fast alles durch Gesetze geregelt. Hierbei ist das Verfahren zweigeteilt. Die Geschworenen erkennen auf schuldig oder unschuldig, der Richter allein setzt das Strafmaß fest.

Nichts charakterisiert ein Land grundlegender als die

Art seiner Justiz. Der in England angestrebte Stil der Rechtsprechung besteht aus einer Mischung von Tradition und gesundem Menschenverstand, der, wie könnte es anders sein, aber nicht stets und ständig triumphiert. Paragraphen-Juristerei existiert auch dort, obwohl man dieser gegenüber besonders empfindlich und skeptisch eingestellt ist – wie allem Präzisen, Überkorrekten und vielleicht eben deshalb Nutzlosen gegenüber. Man erinnere sich der Geschichte von den Ballonfahrern.

Auf jeden Fall stehen Richter in einem höheren Ansehen als bei uns, und sie üben ihre Tätigkeit weit weniger anonym aus. Wie der *Lord Chancellor* bleiben sie im Blickpunkt der Öffentlichkeit. Die neun *Lords of Appeal* sind kraft ihres Amtes Mitglieder des Oberhauses, weil sie den *Court of Appeal* bilden. Ein Gegenstück zum Bundesverfassungsgericht gibt es allerdings nicht. Höchste politische Entscheidungen bleiben den Politikern vorbehalten. Die Rechtsprechung hat andere Aufgaben.

Auf Landgerichtsebene sind in der Bundesrepublik Deutschland im Jahre 1959 107 000 Prozesse geführt worden. In England waren es ganze 32 000.

Die Zahlen sprechen Bände. Obwohl sie älteren Datums sind – neuere waren nicht zu erhalten –, dürften sie das Verhältnis immer noch widerspiegeln. Was die irdische Gerechtigkeit betrifft, so fragt es sich, ob man sie durch einen Vergleich von Zahlen charakterisieren kann. Ballonfahrer sind am Ende wir Nichtjuristen alle.

Ein Sturmabend in Cornwall

Das letzte Kapitel der *Gebrauchsanweisung für England* will ich in England schreiben. Ich sitze an der Schreibmaschine in meinem kleinen Zimmer im äußersten Südwesten, das Kliff Land's End ist nahe. Draußen tost der winterliche Atlantik. Bei Hochflut werden die gewaltigen Brecher beinahe das Fenster erreichen, an dem mein Schreibtisch steht. Böen rütteln wie mit riesigen Brecheisen an der sturmsicheren Doppelscheibe.

Ich schreibe: »In England befindet man sich keineswegs in einem exotischen Land, auch wenn es einem oft so vorkommen mag. Stets bleibt spürbar, daß es sich um ein Kernland Europas handelt, was nicht alle Briten gerne hören. Aber ohne englische – oder besser: britische – Sitten, Gebräuche, Sprache, Literatur, Geschichte, Kulturgeschichte wäre das, was wir Abendland nennen, unvollständig. Wir sind mit diesem allen in Vergangenheit, Gegenwart und auch wohl Zukunft eng verknüpft.«

Draußen feiern die Elemente ein infernalisches Fest. Ich überlese in aller Ruhe die drei Sätze, die ich geschrieben habe, und finde sie zwar ein bißchen pathetisch, aber richtig. Es dunkelt. Fern am Horizont flackert ein Licht. In respektvoller Entfernung zu den Klippen Cornwalls strebt ein Schiff Bristol oder Cardiff zu. Ich greife zum Feldstecher, um es näher in Augenschein zu nehmen über all die Wellenberge mit ihren Gischtkämmen (*white horses*) hinweg. Es ist gar nicht so einfach, hier ungestört zu arbeiten. Zu Hause in Berlin, in Kreuzberg, mit dem Blick auf eine fünfstöckige Brandmauer, käme ich schneller voran.

Es handelt sich um einen Tanker. Er liegt tief in der See, scheint demnach voll beladen. Bald ist er hinter The Island, der vorspringenden Halbinsel mit der St. Nicholas Chapel aus dem 12. Jahrhundert, verschwunden. Ein Hagelschauer trommelt gegen die Fensterscheibe, als würde jemand einen Sack Erbsen ausschütten.

Zurück zum Text. Das soll ich geschrieben haben? Unsinn. Der Sachverhalt liegt eher umgekehrt. Ich reiße das Blatt aus der Maschine, lege es neben mich und schreibe auf ein neu eingespanntes das genaue Gegenteil.

»In England befindet man sich in einem für unsereinen exotischen Land, auch wenn man oft glauben könnte, mitten in Europa zu sein. Aber das ist man nicht. Stets bleibt einem bewußt, wie verschieden hier alles ist, auch wenn manche Briten, vor allem die modernen unter ihnen, das nicht gerne hören. Aber englische – oder besser: britische – Sitten, Gebräuche, Sprache, Literatur, Geschichte, Kulturgeschichte bilden im Abendland, dem das *United Kingdom* zweifellos angehört, so etwas wie einen insularen Gegenpol. Das war in der Vergangenheit der Fall, hat sich in der Gegenwart erhalten und wird wohl auch in Zukunft so bleiben.«

Noch ein Blick durch den Feldstecher auf die haushohen Brecher an Clodgy Point, dem Kliff auf der gegenüberliegenden Seite. Sie spritzen die Felsen hoch wie Geysire ihre Wasserfontänen. Kein Vogel. Die Möwen haben sich in den Schutz des Hafens verzogen, wie immer bei Sturm von Nordnordwest. Erneut ein Licht im Kanal von Bristol. Aber es ist zu dunkel geworden, um es noch identifizieren zu können. Als ich die Schreibtischlampe anknipse, verschwindet das erregte Meer vor dem Fenster in völliger Schwärze. Nur das Donnern der Brecher am Strand und das Heulen des Sturms um den Dachfirst bleiben allgegenwärtig.

Jetzt liegen die beiden Kernaussagen, die den Anschluß für dieses Buch bilden sollen, vor mir. Welche ist die bessere, treffendere, richtigere? Ich bin nicht einmal sehr erstaunt, als ich feststelle, daß beide stimmen. Die eine sagt, wie es ist, und die andere auch. Daß sie sich trotzdem widersprechen, liegt in der Natur der Sache. Das Thema ist England.

Am besten wäre es, wenn man beide Versionen nebeneinander plazierte. Aber vermutlich wird sich der Verlag darauf nicht einlassen, und außerdem liest nur selten jemand simultan. Vielleicht ist es sogar richtig, das Gemeinsame, das Europäische an England, an die erste und das andere, das englische England, an die zweite Stelle zu setzen. Letzteres dürfte allerdings das reizvollere sein und entdeckungswürdigere, interessantere, verrücktere, ver-rücktere. Man reist schließlich nicht, um zu Hause anzukommen, obwohl man mitunter den Eindruck hat, eben dies hätten manche Deutsche im Sinn, wenn sie gen Süden streben. Sie suchen dort im Grunde nichts als ein Deutschland mit sonnigerem Klima.

Diesen Wunsch, so kann ich Ihnen versichern, verwirklicht England ganz gewiß nicht. Sie finden eher etwas Unvertrautes, das allerdings jederzeit in eine Art

Heimatgefühl umschlagen kann. Es läßt sich kaum anders ausdrücken: England – die gesamten Britischen Inseln, *Great Britain*, das *United Kingdom* (abkürzungswütig, wie man hierzulande ist, UK genannt) – ist eine ideale Mischung aus Fremde und Heimat. Nichts biedert sich an, aber nahezu alles kommt einem entgegen.

Es dürfte im Grunde der undefinierbare *English way of life* sein, der so fremd bleibt und so vertraut ist. Die Briten, ein Konglomerat von vornherein, geprägt von keltischer Urbevölkerung, normannischer und skandinavischer Besiedelung, später den Angelsachsen, bilden in sich eine kuriose, niemals völlig zusammengewachsene Mischung, denn keltische, normannische, skandinavische, angelsächsische Elemente haben sich unabhängig voneinander erhalten, wenn auch selten in Reinkultur wie die Kelten in Wales. Der Brite ist in Wesen und Charakter schon von seiner Herkunft her äußerst kompliziert. Und trotzdem zugleich einfacher als wir Deutschen mit Goethes zwei Seelen, ach, in unserer Brust. Der Engländer verfügt über mindestens vier.

Es klopft. Das *living studio* besitzt weder Klingel noch Türbrummer; man muß nach alter Weise gegen die Tür pochen. Jack tritt ein, unser Nachbar. Als er meine Schreibmaschine bemerkt, will er sogleich wieder verschwinden. Kein Engländer, jedenfalls der älteren Generation, *wants to be intruding*. Es gibt auf den Britischen Inseln nur eine große Untugend, die jedermann, der sie übt, in absoluten Verruf bringt, nachhaltiger als irgendwo sonst in der Welt: andere zu stören, sei es durch Geräusche, überlautes Sprechen (*don't shout!*), auffallendes Benehmen oder, das Schlimmste von allem, durch die eigene Anwesenheit. Es kostet mich eine Menge

Worte, Jack zum Bleiben zu überreden. Fast muß ich ihn gewaltsam ins Studio ziehen.

Als letztes Mittel bleibt mir, ihm ein Glas Sherry anzubieten. Einen *night cap* kann und darf er um diese Tageszeit eigentlich nicht ausschlagen. Ein Glas Sherry bedeutet ab sechs Uhr abends eine definitive Einladung.

Sicherlich würde er lieber einen Whisky trinken, Scotch (ich auch), aber einen Scotch Whisky anzubieten, wäre zuviel in diesem Augenblick und fast schon beleidigend. Obwohl wir uns duzen, sind wir so vertraute Freunde nicht – man duzt sich rasch in England; auch bietet man nicht einfach einen Scotch an, wenn jemand ungeladen zu einem kommt, das wäre protzig, überzogen, peinlich für den Gast und für ihn ein Grund, niemals wieder an die Tür zu pochen, vermutlich auch in dringenden Notfällen nicht. Es bleibt also beim Sherry, den ich in die Gläser gieße: *Cheers!*, während ich mich nach seinem Befinden erkundige. Er befragt mich, *vice versa*, nach dem meinen, wobei die Antwort auf beiden Seiten nur *Oh, thank you*, will man besonders höflich sein *Oh, thank you, thank you* sein kann, denn es wäre wiederum verkehrt, jetzt etwa zu berichten, man werde auf seine alten Tage wetterfühlig und habe den ganzen Tag unter Kopfschmerzen oder Reißen im Bein gelitten. Jedoch sind wir miteinander vertraut genug, bei der unvermeidlich folgenden Erkundigung nach dem Wohlergehen der jeweiligen Ehefrau ein wenig ins Detail zu gehen. Die meine hat sich trotz des Wetters (*Bitterly cold, isn't it?*) in den Art's Club begeben: Margery verläßt abends wegen ihrer Arthritis nicht mehr das Haus. Eine Weile ergeben diese Themen – Wetter, Kälte, Art's Club, Arthritis – genügend Gesprächsstoff.

Small talk. Viel belächelt wegen der gewissen Förmlichkeit, die man dabei bewahren sollte. Aber so nebensächlich ist das Gerede gar nicht. Es gehört sich, Interesse am Mitmenschen zu zeigen, ohne ihm zu nahe zu treten. Und diese Form ist wahrhaftig eine kleine Kunst, denn es wollen unzählige ungeschriebene Gesetze beachtet sein, die für den Verlauf derartiger Gespräche bestehen.

Nie mit der Tür ins Haus fallen! Immer zuerst die Frage nach dem Befinden stellen (man muß ja die Antwort *Oh, thank you, thank you* nicht beachten). Als Gastgeber stets denjenigen ins Gespräch ziehen, der unbeteiligt dasitzt (obwohl diese Gepflogenheit jegliche Unterhaltung empfindlich stören kann)! Nie den Alleinunterhalter herauskehren, sonst gerät man rasch in den Verruf, ein *killjoy* zu sein, ein Spielverderber. Und um Himmels willen nicht jemanden siezen, der einen beim Vornamen nennt, selbst wenn man sich nicht entsinnt, ihm jemals begegnet oder vorgestellt worden zu sein!

In diesem Fall gilt es allerdings, die drüben immer noch vorhandenen Klassenschranken zu beachten. Da diese unsichtbar sind, erfordert der Umgang mit Engländern, ich sagte es schon, einiges Fingerspitzengefühl.

Jack zum Beispiel ist gekommen, um uns zu fragen, ob es uns stören würde, wenn sein Enkel morgens zwei Stunden bei ihnen auf dem Cello übte. Der Enkel ist, wie ich weiß, für *a fortnight* (14 Tage) bei ihnen zu Besuch. Es wäre ein *faux pas*, wenn es mir lästig fiele, also antworte ich ohne Wimpernzucken *not at all*, obwohl es mich empfindlich irritieren wird. Die Engländer sind, im Gegensatz zu ihrem Ruf, eine außerordentlich musikalische Nation, was aber leider nicht auf Jacks Enkel zutrifft, der im übrigen auch bei gegenteiliger Antwort ungeniert seine Etüden kratzen würde; doch es gehört sich, etwaige Störungen vorher anzumelden. Jacks Frage ist in diesem Sinne also nicht ernsthaft gemeint, sondern eine in Frageform verkleidete Mitteilung unter Nachbarn. Und meine Antwort bedeutet keine Zustimmung, sondern gilt als pure Selbstverständlichkeit, die ich im übrigen durch den Sherry schon von vornherein zum Ausdruck gebracht habe. Daß ich insgeheim mit den Zähnen knirsche, kann Jack vielleicht meinem Mienenspiel entnehmen, was aber nichts an der beschlossenen und verkündeten Abmachung ändert.

In England ist bisweilen das Komplizierte einfach, aber das Einfache unglaublich kompliziert. So wäre Jack mit Recht beleidigt, wen ich ihn – außer vielleicht vor Gericht – als Mr. Stitson anredete, indes Mr. Harvey, mein *news agent*, bei dem ich die Zeitungen kaufe, wiederum zutiefst gekränkt wäre, würde ich ihn beim Vornamen nennen oder ihm ein solches auch nur vorschlagen. In Deutschland ist es – jedenfalls war es so in voralternativen Zeiten – umgekehrt. Man duzt oder duzte eher seinen Zeitungshändler als seinen Nachbarn oder gar seinen Chef, was ebenfalls in England nichts Ungewöhnliches darstellt.

Der Sturm ist mit eintretender Ebbe abgeflaut. Jack hat sich verabschiedet, und ich habe mir einen Scotch eingeschenkt (Jack nebenan wahrscheinlich auch). Die Möwen sind vom Hafen nach Porthmeor zurückgekehrt; ich höre ihr Trappeln auf dem Dach. Morgen früh werden sie kreischen, jammern, gackern, schreien wie die kleinen Kinder und miauen wie die Katzen. Das

Konzert beginnt in der Morgendämmerung, wird mich wecken, aber wenn ich es höre, kann ich mich noch einmal genüßlich umdrehen. Anfangs hatte ich das unangenehme Gefühl, in einer Vogelkolonie zu schlafen; inzwischen freue ich mich darauf, wie auf alle Geräusche, die typisch sind für England und deren es eine ganze Menge gibt.

Da meine Frau immer noch im Art's Club aufgehalten scheint – hoffentlich wird nicht ein neues Laienspiel einstudiert, wie es die theaterversessenen Engländer lieben! –, lese ich mir die beiden Quintessenzen, die ich vorhin geschrieben habe, erneut durch. Dann tippe ich rasch noch eine dritte. »In England befindet man sich in einem exotischen Land, das einem seltsam vertraut vorkommt. Die Spielregeln, in manchem anders, als bei uns gewohnt, kann man durchaus intuitiv erfahren, weil sie von Grund auf vernünftig sind. Nur dadurch können sie auch ein bißchen Unvernunft einbeziehen, die aus der Freude am Skurrilen, Ungewöhnlichen, Eigenartigen, vielleicht sogar Abseitigen stammt. England liegt, auch wenn manche Engländer das nicht gerne hören, am Rande Europas. Es gehört mit Sitten, Gebräuchen, Sprache, Literatur, Geschichte, Kulturgeschichte und Musik zum gemeinsamen Erbe. Aber es bildet einen Kontinent im Kontinent. Eine Insel mit Charakter, eigenem Charakter.«

Man kann nur hoffen, daß es möglichst lange so bleibt, ein Gegengewicht zur allgemeinen Gleichmacherei, die weltweit eingesetzt hat.

Ich höre Schritte. Meine Frau kommt.

Bibliographie

Archer, Jeffrey: *Es ist nicht alles Gold, was glänzt.* Darmstadt 1978

Automobile Association: *Illustrated Guide to Britain.* Basingstoke 1976

Béderida, F.: *A Social History of England 1851–1975.* London / New York 1979. Zitiert nach: Schulz, Uwe: *British Literature as a Mirror of British Life from Defoe to Hardy.* Berlin 1986

Capek, Karel: *Seltsames England.* Berlin 1936

Doyle, Arthur Conan: *The Complete Sherlock Holmes.* Vorwort von Christopher Morley. London 1986

Eagle, Dorothy: *The Concise Oxford Dictionary of English Literature.* Oxford 1985

Forbes, Bryan: *The Endless Game.* London 1986

Fowler, H. W. (revised by Sir Ernest Gowers): *A Dictionary of Modern English Usage.* Oxford 1984

Grammel, Detmar: *Projektbeschreibung für die Klassenfahrt der Kerngruppe 10.24 nach Großbritannien im Mai 1988.* Hektographierte Broschüre der Bertolt-Brecht-Oberschule, Berlin-Spandau 1987

Hawkins, Joyce M. (Hg.): *The Oxford Paperback Dictionary.* Oxford 1982

Karamsin, Nikolai: *Briefe eines russischen Reisenden.* Stuttgart 1986

Leonhardt, Rudolf Walter: *77mal England. Panorama einer Insel*. München 1987

Mikes, George: *How to be a Brit*. London 1984

McCrum, Robert; Cran, William; Macneil, Robert: *The Story of English*. London 1986

Nowel, Ingrid: *London. Biographie einer Weltstadt*. Köln 1986

Pückler-Muskau, Hermann Fürst von: *Briefe eines Verstorbenen*. Neuausgabe Berlin 1986

Romberg, Harold Percy, OBE, Barrister-at-Law: *Porträt der englischen Justiz*. Vortrag (Manuskript ungedruckt)

Roget's Thesaurus of English Words and Phrases. London 1982

Sackville-West, Vita: *Eine Frau von vierzig Jahren*. Berlin 1986

Sampson, George: *The Concise Cambridge History of English Literature*. Cambridge und New York 1946

Snibson, Bill: *Dick 'N'Arry*. Im Programmheft Me and My Girl. Adelphi, London 1986

Spiegl, Fritz: *In-Words and Out-Words*. London 1987

Stanhope, Henry: *Wanted: A new Enry Iggins*. In: *The Times*. London 1986

Trevelyan, G. M.: *English Social History*. London 1942

Urdang, Laurence (Hg.): *Collins Dictionary of the English Language*. London & Glasgow 1984

Bereits erschienen:
Gebrauchsanweisung für...

Amerika
von Paul Watzlawick

Amsterdam
von Siggi Weidemann

Barcelona
von Merten Worthmann

Bayern
von Bruno Jonas

Berlin
von Jakob Hein

die Bretagne
von Jochen Schmidt

Brüssel und Flandern
von Siggi Weidemann

Budapest und Ungarn
von Viktor Iro

China
von Kai Strittmatter

Deutschland
von Maxim Gorski

Dresden
von Christine von Brühl

die Eifel
von Jacques Berndorf

das Elsaß
von Rainer Stephan

England
von Heinz Ohff

Frankfurt am Main
von Constanze Kleis

Frankreich
von Johannes Willms

Freiburg und den Schwarzwald
von Jens Schäfer

den Gardasee
von Rainer Stephan

Genua und die Italienische Riviera
von Dorette Deutsch

Griechenland
von Martin Pristl

Hamburg
von Stefan Beuse

Indien
von Ilija Trojanow

Irland
von Ralf Sotscheck

Italien
von Henning Klüver

Japan
von Andreas Neuenkirchen

Kalifornien
von Heinrich Wefing

Katalonien
von Michael Ebmeyer

Kathmandu und Nepal
von Christian Kracht und Eckhart Nickel

Köln
von Reinhold Neven Du Mont

Leipzig
von Bernd-Lutz Lange

London
von Ronald Reng

Mallorca
von Wolfram Bickerich

Mecklenburg-Vorpommern und die Ostseebäder
von Ariane Grundies

München
von Thomas Grasberger

das Münchner Oktoberfest
von Bruno Jonas

Moskau
von Matthias Schepp

Neapel und die Amalfi-Küste
von Maria Carmen Morese

New York
von Verena Lueken

Niederbayern
von Teja Fiedler

Nizza und die Côte d'Azur
von Jens Rosteck

Norwegen
von Ebba D. Drolshagen

Österreich
von Heinrich Steinfest

Paris
von Edmund White

Peking und Shanghai
von Adrian Geiges

Polen
von Radek Knapp

Portugal
von Eckhart Nickel

Rom
von Birgit Schönau

das Ruhrgebiet
von Peter Erik Hillenbach

Salzburg und
das Salzburger Land
von Adrian Seidelbast

Schottland
von Heinz Ohff

Schwaben
von Anton Hunger

Schweden
von Antje Rávic Strubel

die Schweiz
von Thomas Küng

Sizilien
von Constanze Neumann

Spanien
von Paul Ingendaay

Südfrankreich
von Birgit Vanderbeke

Südtirol
von Reinhold Messner

Tibet
von Uli Franz

die Toskana
von Barbara Bronnen

Tschechien und Prag
von Jiří Gruša

die Türkei
von Iris Alanyali

Umbrien
von Patricia Clough

die USA
von Adriano Sack

den Vatikan
von Rainer Stephan

Venedig mit den
Palladio-Villen am
Brenta-Kanal
von Dorette Deutsch

Wien
von Monika Czernin

PIPER

Heinz Ohff
Gebrauchsanweisung für Schottland

208 Seiten. Gebunden

Schottland ist nicht England. Es hat eine eigene Sprache, eine eigene Kultur, eine eigene Rechtsprechung, eine eigene Kirche und sogar ein eigenes Wetter. Wie es dazu – und zur Vereinigung mit dem Inselnachbarn England – kam, sollte man wissen, ehe man das Land besucht. Heinz Ohff erzählt nicht nur Wichtiges aus der schottischen Geschichte, sondern berichtet auch über die Eigenheiten der Leute im Norden Großbritanniens, die auch heute noch immer zu beobachten sind. Warum zum Beispiel Glasgow und Edinburgh einander nicht mögen, was es mit Porridge, Whisky oder Haggis auf sich hat, warum die schottische Küche so gut und mancher Dialekt so unverständlich ist. Fragen nach Nessie, den Regeln der Highland-Games oder auch danach, was Schotten unter dem Kilt tragen, erübrigen sich nach der Lektüre dieses charmanten Buches.

PIPER

Ralf Sotscheck
Gebrauchsanweisung für Irland

203 Seiten. Gebunden

Irland, die Trauminsel der Deutschen, spätestens seit Heinrich Böll, ist vielleicht der Flecken Erde, auf dem pro Quadratmeter die meisten Klischees angesiedelt sind. Ob überhaupt einer, und wenn, welcher wahre Kern in ihnen steckt, darüber gibt dieses Buch detailliert Auskunft. Wie verhält es sich wirklich mit der irischen Frömmigkeit, da doch kaum ein anderes Volk derart ausdrucks- und liebevoll zu fluchen weiß? Gibt es einen Zusammenhang zwischen dem notorischen Alkoholismus und der Ausnahmestellung, die Irland in der Weltliteratur einnimmt?
Ralf Sotscheck weiß über diese und viele andere Themen mit typisch irischer Fabulierlust zu erzählen – eine Geschichte ergibt die andere, und zusammen ergeben sie ein buntes Puzzle dieses einzigartigen Landes.

01/1215/02/L.

PIPER

Stefan Beuse
Gebrauchsanweisung für Hamburg

169 Seiten. Gebunden

Wer mit dem Auto nach Hamburg will und es nicht besser weiß, fährt durch den Elbtunnel. Und zwar ganz langsam. Weil's so schön ist ...
Am Ende des Tunnels jedenfalls, wartet eine ganz neue Welt auf den Besucher. Eine Welt aus Wasser, Wind und Barbourjacken, aus rotem Backstein und prunkvollen Villen, aus Business-Tempeln und dem Geruch von Teer und Fisch. Nach dem Elbtunnel sollten Sie sich anschnallen: Vergessen Sie alles, was Sie je über Seefahrerromantik gehört haben. Über die Reeperbahn nachts um halb eins. Über die Beatles im Starclub. Über blaue Jungs und Hamburger Deerns. Hamburg ist anders. Ganz anders. Und Stefan Beuse weiß warum. Er wird Ihnen erklären, warum es so schwer ist, den Aal in der berühmten Aalsuppe zu finden, warum der Hamburger im Grunde seines Herzens schon immer ein Brite gewesen ist und warum man sich die schöne »Strandperle« nicht um den Hals hängen kann.

PIPER

Henning Klüver
Gebrauchsanweisung für Italien

191 Seiten. Gebunden

Alle lieben Italien – das Land, wo die Zitronen blühen, wo die Frauen schön sind und der Espresso aromatisch. Glaubt man. Aber was blüht jenseits des Brenners wirklich? Was essen die Italiener, wenn die Mamma keine Lust auf Pizza und Pasta hat? Und warum tragen fast alle unsere Schuhe das Gütesiegel Made in Italy?
Henning Klüver weiß es. Mit leichter Hand widmet er sich den ureigensten Domänen der Italiener: der Familie und der Mafia, der Mode und der Piazza, der Kirche und dem guten Essen. Er kennt den Unterschied zwischen Osteria und Ristorante, er weiß, warum die italienische Innenpolitik einer Daily Soap in nichts nachsteht und wieso schon lange kein Italiener mehr ohne Handy auskommt.

PIPER

Thomas Grasberger
Gebrauchsanweisung für München

214 Seiten. Gebunden

Manch einer glaubt, München sei ein Lebensgefühl. Und dieses Gefühl ist weiß-blau, Dallmayr und Maximilianstraße, es ist Freizeit, Schickimicki und Voralpenland. Aber manch einer irrt. Denn München ist mehr als nur Oktoberfest und Hauptstadt der Bayern. Hinter den Kulissen der Film- und Bierstadt gibt es Interessantes und Historisches, Skurriles und Vielfältiges zu entdecken. Thomas Grasberger geht dem Homo bavaricus auf den Grund, und er erkundet für uns die Seele des »echten« Münchners. Er führt uns in die Zeit, als Schwabing noch Boheme bedeutete, als Giesing noch ein Arbeiterviertel war. Und er kennt sich im Englischen Garten ebenso gut aus wie an den Stammtischen der bayrischen Grantokratie. Manch einer wird in diesem Buch verblüffende Entdeckungen machen – und für jeden wird es ein ungeheures Vergnügen sein, München darin auf ganz besondere Weise zum ersten Mal zu begegnen.